一个精神世界丰富的人,
哪怕是孤身一人也能感受到幸福。

——阿图尔·叔本华

THE WISDOM OF LIFE

人生的智慧

ARTHUR SCHOPENHAUER

[德] 阿图尔·叔本华 著

丁伟 译

© 民主与建设出版社，2023

图书在版编目（CIP）数据

人生的智慧 /（德）阿图尔·叔本华著；丁伟译 .— 北京：民主与建设出版社，2023.5
ISBN 978-7-5139-4232-4

Ⅰ.①人… Ⅱ.①阿…②丁… Ⅲ.①叔本华（Schopenhauer, Arthur 1788-1860）－人生哲学－哲学思想 Ⅳ.① B516.41

中国国家版本馆 CIP 数据核字（2023）第 096964 号

人生的智慧
RENSHENG DE ZHIHUI

著　　者	[德] 阿图尔·叔本华
译　　者	丁　伟
责任编辑	郎培培
封面设计	紫图图书 ZITO®
出版发行	民主与建设出版社有限责任公司
电　　话	（010）59417747　59419778
社　　址	北京市海淀区西三环中路 10 号望海楼 E 座 7 层
邮　　编	100142
印　　刷	艺堂印刷（天津）有限公司
版　　次	2023 年 5 月第 1 版
印　　次	2023 年 11 月第 1 次印刷
开　　本	889 毫米 ×1194 毫米　1/32
印　　张	5.75
字　　数	100 千字
书　　号	ISBN 978-7-5139-4232-4
定　　价	55.00 元

注：如有印、装质量问题，请与出版社联系。

目录
Contents

引言 什么是人生的智慧 I

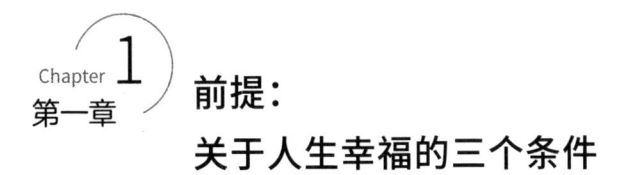

Chapter 1 第一章　前提：
关于人生幸福的三个条件

1　决定幸福的三个条件　2

2　一个人能否获得幸福，是由自己的个性决定的　3

3　你是什么样的人，就获得什么样的幸福　5

4　健康的乞丐比生病的国王更幸福　7

5　顺应个性的发展，不要做自己不擅长的事情　9

6　财富会扰乱我们的幸福　11

7　内心贫乏的有钱人和穷人别无二致　12

Chapter 2 第二章　关键：如何看待自我

1　运气总在变化，但个性不会　16

2　如果快乐来敲门，就把大门敞开　18

3　只有"健康"的土壤才能培育出"快乐"的花朵　20

4　乐观和美貌更容易让人幸福　22

5　痛苦和无聊是幸福的两个敌人　27

6　内在越是充盈，想从他人身上获取的东西越少　29

7　平庸者打发时间，聪明人利用时间　31

8　越独立，越幸福　33

9　获得幸福的三种基本能力　36

10　感知能力越强，获得的快乐越多　39

11　没有真正的需求，就没有真正的快乐　41

12　天才都是孤独的　43

13　闲暇与智慧并存，是一个人最大的幸运　46

14　庸人的特质　48

Chapter 3 第三章 寄托：人拥有的身外之物

1　人类的三种需求　54

2　衡量幸福的关键不在于拥有什么，
　　而在于期望什么　55

3　人类对金钱的渴望是天生的　57

4　富人守护财富，穷人挥霍财富　58

5　足够的财产能够带来真正的自由　61

6　贫穷的人也有优势　63

Chapter 4 第四章　表象：你在他人眼中的样子

1　别沦为他人看法的奴隶　　68

2　过于看重他人的意见，是人们普遍犯下的错误　　71

3　所谓虚荣，是贪婪的另一种表现　　73

4　焦虑情绪，源于在意他人的评价　　75

5　虚荣越少，幸福越多　　77

6　虚荣使人健谈，骄傲使人沉默　　79

7　谦虚是美德，这不过是愚人的托词　　80

8　地位是虚假的尊敬　　83

9　名誉的定义　　85

10　公民名誉：无条件地尊重他人的权利　　87

11　公职名誉：职位越高，名誉越高　　91

12　两性名誉：女性名誉远比男性名誉重要　　93

13　骑士名誉：少部分人的名誉　98

14　骑士名誉的根源　113

15　聪明的人懂得让步　115

16　越珍视自己的价值，面对侮辱时越淡然　117

17　信奉骑士名誉，和迷信没什么不同　119

18　是时候放弃决斗了　123

19　面对侮辱，最好的报复方式是什么　125

20　哲学是消除骑士名誉的根本手段　128

21　名誉是转瞬即逝的，名声是永恒不朽的　132

22　伟大的作品必然获得不朽的名声　134

23　与其期望他人的青睐，不如学会欣赏自己　137

24　真正有价值的并非名声，而是自身　140

25　让一个人幸福的不是名声，
　　而是让他创造功绩的思想和能力　144

26　真正的名声会流传于后世　146

27　人生苦短，多珍惜美好的事物　149

28　成名的真相　152

THE WISDOM OF LIFE

Appendix 附 录　叔本华生平大事记及主要作品

叔本华生平大事记　　156

1788 年：出生　156

1793 年：从但泽搬到汉堡　　157

1797 年：离开汉堡　　158

1799—1813 年：求学；父亲亡故　　158

1814—1818 年：与母亲决裂；完成开创性哲学代表作
《作为意志和表象的世界》　　163

1819—1830 年：在柏林大学当哲学讲师　　164

1831—1851 年：离开柏林，潜心研究和写作　　165

1852—1860 年：声名乍现；逝世　　167

叔本华的主要作品　　169

引 言
Introduction

什么是人生的智慧

怎样才能幸福地度过一生？关于这个问题的讨论，哲学上称为"幸福论"，而我更愿意认为它是"人生的智慧"。本书要谈的就是这方面的内容。

如果从完全客观的角度来看，活着肯定比死去幸福。每个人都渴望更长久地生活在这个世界上，之所以如此，不只是因为我们害怕死亡，更多的是因为我们眷恋生命的美好，希望能够紧紧地抓住它。

人生的意义等同于生命的意义吗？我不以为然。但是，幸福和生命的意义有关吗？我的答案是肯定的。不得不承认，在有关"幸福论"的话题上，我必须放弃自己原本更哲学体系的道德立场，从日常生活的角度去进行探讨。当然，我不能保证自己在这本书里完整而正确地阐述了所有关于幸福的观点，因为这一主题本身就是无穷无尽的，没有人能掌握它的全貌；而且，对于别人已经表达过的观点，我不愿一再重复。

意大利学者卡尔达诺（又译为"卡当"）的著作《论逆境》值得一读，他在书中表达的很多观点可以作为本书的补充。亚里士多德在他的长篇论著《修辞学》里也提到了"幸福论"（第一卷第五章），不过内容十分简短，没有得出重要结论。我的这本书里并没有参阅前辈们的相关论述，因为一旦这样做，就有可能破坏我的观点体系。

总的来说，不同时代智者的论述是大同小异的，而在任何时代占多数的愚者却总是一意孤行。这一切，正如伏尔泰所说的那样——"来来去去，世间永远愚蠢又邪恶"。

Chapter 1
第一章

前提：
关于人生幸福的三个条件

1 决定幸福的三个条件

亚里士多德采用三分法对人类能够获得的幸福进行分类，即将幸福分为从外界获得的、来自灵魂深处的和来自身体的。我暂且保留亚里士多德这种分类方式。不过，我认为，决定人类幸福的三个条件分别是：

一、你是什么样的：也就是人的个性，从最广泛的意义上来看，包括健康、精力、外貌、才能、道德品质、智慧、教养，等等。

二、你拥有什么：也就是人所拥有的身外之物，如财富、他人的评价等。

三、你在别人的眼中是什么样的：也就是人在他人眼中的样子，这一点也体现为别人对你的评价，表现为你获得的名誉、地位和名声等方面。

在这三项条件中，第一个条件是由自然决定的。正因为如此，它对人生幸福与否的影响远远大于后两者。后两者只是人为的。相比那些灵魂高尚的人来说，那些拥有特权和出身于权贵之家的人也不过是暂时拥有高地位，而从灵魂的角度来判断，灵魂高尚的人永居高位。古希腊哲学家伊壁鸠鲁的第一个弟子迈特罗多鲁斯曾说过："**发自内心深处的幸福感，要远远超过外部给予的幸福感。**"

2 一个人能否获得幸福，是由自己的个性决定的

　　一个人的优势是什么？是源自一个人内在的素质，诸如伟大的思想、高尚的心灵等等。那些拥有特权或出身高贵的人，就像在扮演舞台剧中的国王，徒有华丽的外表和虚幻的身份，并没有什么真正优于别人的地方。

　　古希腊哲学家迈特罗多鲁斯是伊壁鸠鲁忠实的支持者，他曾公开地表达过这样的观点：相比从外界获取幸福这一途径，更多的幸福来源于自身。这是显而易见的。自然赋予每个人不同的个性，这对幸福来说尤为重要。**财富或者他人的看法只不过会产生一些间接的影响，让人们对生活的规划和安排有所不同，而个性则决定了一个人是否能感受到幸福。**

　　由于个性的不同，每个人对世界的认知也不同。即使两个人处于完全相同的环境下，也会产生不同的想法和感受。

外界环境只有在对人的内心有所触动时，才会对其想法、感受和欲望等产生一定的影响。也就是说，每个人终究是活在自己的世界里——有的人认为世界是空洞乏味的，有的人认为世界是丰富有趣的。

当听到别人谈论某件趣事时，许多人希望自己也能在生活中拥有相同的经历。但是仔细想一想，别人的故事之所以听起来有趣，难道不是因为他自己有趣吗？换句话说，如果相同的事情发生在你的身上，你真的会把它看作一场饶有趣味的冒险吗？答案是不确定的。

举个例子，歌德和拜伦都是伟大的诗人，他们创作了很多美妙的诗歌。有些读者会感叹：为什么诗人的生活中发生了如此多令人欣喜的事情，而我却没有？实际上，他们忽略了，不是诗人的生活比普通人更美好，而是诗人能够从生活中感受到美好，并且拥有让原本司空见惯的事情变得趣味盎然的才华。同样的道理，悲观者和乐观者对世界的感受也大相径庭。悲观者眼中的悲剧，或许会被乐观者视为一次颇具戏剧性的冲突。而一个天性冷漠的人，对什么事情都无动于衷。

我们对周遭环境的认知可以分为两方面，一方面是主观的，另一方面是客观的。要想对这个世界有更深刻、更完整的认识和感受，我们需要将主观和客观结合起来。这就好比氧元素和氢元素，只有让它们紧紧地结合在一起，才能形成我们赖以生存的水，二者缺一不可。

对于迟钝的人来说，世界上的万事万物都蒙上了一层面纱，他们无法领略到真实的风光和其中的妙趣。他观望世界，就像是用一个镜头模糊或者劣质的相机拍照，呈现出来的照片朦朦胧胧、画质差强人意，白白辜负了自然的美景。用一句话简单地概括：**你的认知决定了你的感受，与外界环境没有太大的关系。**

3 你是什么样的人，就获得什么样的幸福

舞台上有不同的角色，需要不同的人来扮演：有的人扮演王子，有的人扮演大臣，有的人扮演仆人，还有的人扮演士兵或者将军……虽然在台下观众的眼里，这些人有着不同的身份，但他们的本质是一样的——不过是一个演员。

现实生活也是一样的。**虽然每个人的地位不同，拥有的财富也有多寡之分，但对幸福和快乐的渴望是相同的。**每个人都免不了烦恼和痛苦，尽管烦恼和痛苦的根源不一样，但是在本质上没什么区别，与个人的地位和财富也没有太大的关系。

一切事情都与我们自己的意识相关。想一想，塞万提斯身陷囹圄，却写出《堂吉诃德》这样伟大的作品，他的意识该是多么强大、多么惊人！如果换作一个迟钝愚昧的人，即使是一些壮观、有趣的事情，在他们的眼里也会黯淡无光。**在很多时候，客观世界会因为我们的主观意识而发生改变，始终保持不变的，是我们自身。**

在人的一生中，外部环境会不断发生变化，但是个性始终如一。我们也可以把目光投向身边的动物，它们和人类一样，具有与生俱来的天性。无论把动物放在什么样的环境里，它们都受制于大自然所赋予的天性。从这个层面上来说，如果我们希望宠物开心，就应该顺应它们的天性，通过它们能够意识到的方式，给予幸福和愉悦。

个性决定命运，你是什么样的人，就获得什么样的幸福。 一个人能否体会到更高层次的幸福，取决于他的精神力量。如果一个人自身的精神力量不够强大，即便外界给予再多的帮助也于事无补，他们只能获得有限的、流于世俗的快乐。就算是家庭生活或者教育能够给他带来一些影响，他的视野也不会变得更开阔。

当我们年轻的时候，很多人都意识不到这一点，最强烈、最丰富且最持久的乐趣来源于精神，一个人精神力量的强弱决定了他能在多大程度上领略这种乐趣。**由此，我们再一次认识到，一个人能够获得幸福的关键在于个性，也就是**

在于我们是什么样的人；拥有多少财富、命运如何，只不过表示我们拥有什么，或者是别人以为我们拥有什么。

一个精神力量强大的人，不会盲目地将自己的人生交给命运。相比之下，如果一个人精神贫瘠、内心匮乏，终其一生，哪怕到了人生的最后一刻，依然是一个无聊的笨蛋罢了。正如歌德在他的《西东合集》中所说的，"芸芸众生，无论贵贱，都不得不承认，最大的幸福源于个性"。

一切都指向一个事实：人生幸福与否是由主观意识来判断的，在这件事上，主观因素比客观条件重要得多。"饥饿时觉得什么都好吃""衰老了，年轻时的激情将不复存在"等谚语，或是耳熟能详的那些天才、圣人的人生经历，都证实了这一点。

4 健康的乞丐比生病的国王更幸福

健康胜过一切。一个身体健康的乞丐，比疾病缠身的国王幸福得多。开朗的性情，健康的体格，清晰、活跃、敏锐的洞察力以及温和、有良知的意志力，所有这些优势都是地位或财富无法弥补或取代的。这些特质伴随一个人的一生，别人既无法给予，也无法剥夺，是生而为人最本质的存在，比任何财产或别人的评价都更为重要。

对于一个精神世界丰富的人来说,哪怕是孤身一人也能感受到幸福,他会沉浸在自己的思维与想象中,获得许多乐趣。然而,对于一个本身就无趣的人来说,任何娱乐方式,无论是社交活动,还是出门旅游,都无法帮助他摆脱无聊的感觉。

一个善良、温和的人,即便生活一贫如洗,也能感受到最深刻的幸福;一个贪婪、善妒又恶毒的人,即便拥有财富,也依然会深陷于痛苦而无法自拔。不仅如此,对于那些智力超群、悠然自得地享受个性所带来的乐趣的人来说,大众追求的大部分乐趣都没有什么意义,甚至是麻烦或者负担。

贺拉斯①在谈论自己时说道,有些人就算被剥夺了生活中的奢侈品,照样可以生活得很好——"珠宝、大理石、象牙、来自第勒尼安的印章、银器以及紫色的长袍——许多人将这些东西视为必不可少的物品,但是也有许多人并不需要这些。"正如当苏格拉底看到摆卖的各种各样的奢侈品时,惊叹道:"这世界上竟然有这么多我不需要的东西!"

人的一生,对于幸福而言,最本质的因素便是个性,也就是我们是什么样的人。每个人的个性几乎是恒定不变的,能够在任何环境中持续发挥作用。个性既不是命运的造化,

---

① 贺拉斯,古罗马诗人、批评家,与维吉尔、奥维德并称为古罗马三大诗人。——译注,此后未特别注明的脚注均为译注。

也无法被外人或外界的任何力量夺走。到目前为止，与拥有的财富或别人的看法相比，个性被赋予了绝对价值，这样带来的结果就是，仅仅依靠外在手段去征服或影响一个人，通常比人们想象的要困难得多。

5 顺应个性的发展，不要做自己不擅长的事情

此时，一个重要的角色——"时间"登场了。时间是我们最强大的对手，在它的作用下，人的生理优势和精神优势都会慢慢地消磨殆尽，只有人的道德品质可以免受影响。

从表面上来看，时间是客观存在的，纵使它能够带来毁灭性的影响，也无法剥夺外在的财富与别人对我们的看法——这是每个人都有可能得到的两样东西；与其相反，主观性的东西不是人人都可以得到的，它们更多的是借由一种"神圣的权利"赋予人们，是持续不变的、不可分割的、不可阻挡的宿命。

在这里，我需要引用歌德的诗句。歌德有一句诗表达了这样的含义：每个人在出生之际就被赋予了不可改变的命运，从此便在属于自己的命运轨道上前行；预言家和先知言

之凿凿地指出，一个人是无法逃离自己既定的命运轨道的，即便依靠时间的力量，也无法改变他的人生道路。

在你降临世间的那一天，
太阳接受了行星的问候，
你随即永恒地遵循着出世的法则，
茁壮成长。
你必须这样，别无选择，
西比尔和先知们预言：
时间和力量无法粉碎已经形成的自我，
它一直存在并将不断发展下去。

我们唯一有能力做到的，就是最大限度地利用自己拥有的个人品质，遵循自己的个性，来追求最合适的地位、职业和生活方式。

你可以想象一下，一个天生被赋予无穷力量的人，迫于环境的压力，从事着一份需要长时间久坐的工作，例如做一些精细的手工劳动，或者是做他不具备优势的脑力劳动。也就是说，他先天拥有的无穷力量毫无用武之地——像这样的人，怎么会感觉到幸福呢？还有一种情况：一个智力超群的人，从事着一份平庸的、不需要多少智力的工作，甚至是他的身体无法应对的体力劳动，导致他的才干根本无法发挥，这不是比前者更可悲吗？

基于这些经验，我们一定要提高警惕，不要过高地估计自己的能力，尤其是在年少气盛的时候，要避免掉入这样的生活陷阱，做一些自己力所不能及的工作。

6 财富会扰乱我们的幸福

幸福的本质在于"人"。既然人的自身比人拥有的身外之物和别人的看法更重要，那么更明智地度过一生的做法就是保持身体健康、培养自身的能力，而不是把精力都放在积累财富上。有的人会由此产生一种想法，认为应该完全忽略财富，甚至生活的必需品也毫无必要。这种想法是错误的，基本的物质还是需要有保障的。

从严格意义上来说，财富这个词代表着"过剩"，它对提升我们的幸福感并没有太大的帮助——许多有钱人之所以感觉不幸福，是因为他们思想贫瘠、学识浅薄，缺少对事物的客观兴趣以及从事精神活动的能力。

的确，必要的财富可以满足我们日常生活所需。但除此之外，财富对人生真正的幸福影响不大，甚至可以说，财富会扰乱我们的幸福——为了保护现有的财产，我们不可避免地会产生很多焦虑的情绪，也会消耗很多精力——让我们一刻也不得安宁。然而，即使是这样，世界上致力于追求财富的人依然无穷无尽，远比追求精神修养的人多。

许多人就像蚂蚁一样，勤勤恳恳地，为了赚钱不惜从早到晚都在外面奔波，费尽心思聚敛财富。除了赚钱，他们对其他的事物一无所知；他们的大脑一片空白，整天浑浑噩噩，无比空虚。所谓高层次的乐趣——精神上的乐趣，对他们而言是难以企及的。他们沉溺于感官方面的乐趣，徒劳地放纵自我，试图用这些稍纵即逝的快感取代精神上的享受，并为此付出昂贵的代价。如果运气好的话，有的人能够挣到一大笔钱，还可以为子孙后代留下巨额财产——这些财产要么被继承者发扬光大，不断积累；要么被继承者挥霍一空，整个家底全部被败光。像这样的人，即便他们的一生兢兢业业、认真务实，其实和其他浑浑噩噩过一生的人也没有什么不同，都只是在追求一个荒唐的结局。

7 内心贫乏的有钱人和穷人别无二致

一个人的内在拥有什么，是决定他幸福与否的首要条件。

在大多数情形下，我们拥有的身外之物对幸福并没有太多的影响。日常生活中，很多人不需要为生计发愁，也有很多人在温饱线上挣扎，可是他们都感觉不幸福。为什么呢？因为他们的内在贫乏，大脑空空如也，意志也颇为消沉，只和与自己相似的人为伍；正所谓"物以类聚，人以群分"，他们聚在一起，追求的不过是感官上的娱乐和享受，纵情于感官享受，最后的结局往往十分荒唐。

很多家境富裕的年轻人，含着金汤匙出生，整天花天酒地、醉生梦死，以令人意想不到的速度，在很短的时间里就把家产挥霍殆尽。为什么会这样呢？没有其他原因，不过是因为无聊罢了。他们一来到这个世界就拥有很多外在的财富，可是内在无比空虚，与外在形成了鲜明的对比。他们不断地向外界索取，试图用外在的财富来弥补内心的不足，可是这样做毫无作用。这让人不由得想到大卫王[①]或德·莱斯[②]——衰老之人企图通过财富让自己获得力量。所以，**一个内在贫乏的人，到最后连外在也会变得贫乏。**

至于身外之物和别人的评价，这两个条件的重要性尽人皆知，我无须特别强调。

[①] 大卫王，古以色列联合国第二代国王，晚年时沉溺享乐，遭到了神的惩罚。
[②] 德·莱斯，百年战争时期的法国元帅，曾经是民族英雄，退役后却痴迷于黑魔法和炼金术，大约杀害了三百多名儿童。

大家都知道财富的价值，根本不需要广而告之；与之相比，别人的评价似乎没有财富那么重要。即便如此，每个人也会为拥有好名声而付出努力。至于社会地位，是那些服务于国家政府的人最向往的。而显赫的声望，实际上能得到的人少之又少。

在任何情况下，名誉都被人们视为无价之宝，而名声则是一个人能获得的最为宝贵的——就像是金羊毛①，只有被上帝选出来的人才有资格得到；而只有傻瓜才会不爱财富只爱地位，事实上财富和地位往往互为关联。正如佩特罗尼乌斯②的格言所说："一个人拥有的财富决定了他在别人眼中的价值。"如果这句话是正确的，那么反过来，别人的肯定与赞赏常常以各种各样的形式帮助我们得到自己想要的东西。

---

① 金羊毛，古希腊神话中的稀世珍宝，象征着财富，还象征着理想和对幸福的追求。
② 佩特罗尼乌斯，古罗马作家，著有描写公元 1 世纪罗马社会的讽刺小说《萨蒂利孔》。

Chapter 2
第二章

关键：
如何看待自我

1 运气总在变化，但个性不会

我们已经知道，相比"是什么样的人"和"别人是如何看待他的"，一个人"是什么样的人"更容易给他带来幸福。

一个人是什么样的、自身素质如何，永远是最值得考虑的事情，因为个性总是如影随形，无论何时何地都不会与我们分割，而我们经历的一切事情也会被渲染上自身个性特有的色彩。无论是什么样的乐趣——既包括肉体上的乐趣也包括精神上的乐趣，都是我们亲自体验的。用英语中的一个短语"to enjoy oneself"（即"享受自我"）来表达这个含义十分生动且恰当。例如，我们会说"he enjoys himself in Pairs（他在巴黎享受自我）"，而不会说"he enjoys Pairs（他享受巴黎）"。如果一个人的个性低劣，那么对他来说，所有的乐趣都像胆汁反流到嘴里时喝下的美酒，尽管价值不菲，味道也完全变了。

生活的福与祸，命运的好与坏，更多地取决于我们遇到事情时的处理方式，而不是取决于我们遇到了什么事情——

换言之，与我们感知到的有关。

一个人是什么样的以及其自身固有的品质，即一个人的个性，是唯一会对其幸福和财富带来直接影响的因素；其他任何因素都只会产生间接性的影响，而且这些影响可以被中和或者抵消。个性带来的影响永远无法抵消，这也是为什么由他人个性激起的嫉妒是所有情绪中最难平息和消除的。与此同时，人们通常会将自己的嫉妒情绪小心地隐藏起来，不容易被人发现。

进一步来说，我们的意识结构是永恒的，贯穿生命的起点和终点。几乎在人生的任何时候，个性都会或多或少地对我们的所作所为产生影响，而且这种影响是持久的、连续的。而其他因素对我们的影响都是短暂的、偶然的，甚至一瞬间就消失的，并且受制于不断出现的各种机遇和变数。就像亚里士多德说的："持久不变的并不是财富，而是人的性格。"

出于相同的原因，人们更容易承受来自外部的灾祸，而对由自身性格缺陷导致的不幸则往往难以承受；因为运气总是会改变的，但个性不会。

2 如果快乐来敲门,就把大门敞开

我们内在拥有的品质,如高贵的品性、聪明的头脑、快乐的性情、乐观的心境以及健康的体魄等,都是构成幸福的重要元素。用一句话来概括,就如尤维纳利斯所说,"身体健康,就是幸福的首要因素"。因此,我们应当注重提升并保持这些品质,而不是专注于追求那些外在的财富和名誉。

在所有这些美好的品质中,最能直接给我们带来快乐的莫过于开朗愉悦的精神面貌,而且它让人快乐的效果是立竿见影的,会令人四体通泰、神清气爽。

一个快乐的人,随时随地都会找到充分的理由让自己快乐,原因在于他原本就是这样一个人。这种品质可以弥补其他品质的缺失,但是它不能被其他任何品质取代。如果你认识一个年轻人,他不但英俊、富有,而且受人尊重。那么,怎么判断这个年轻人是否幸福呢?需要问问他是不是真的快乐。如果他是快乐的,其他的条件诸如年轻或年迈、身姿挺拔或弯腰驼背、富有或贫穷,又有什么关系呢?反正他是幸福的。

我年轻时读过一本书,其中有一句话让我印象深刻:"如果你经常开怀大笑,那么你是幸福的;如果你总是以泪洗面，那你是不幸的。"毫无疑问，这是一句非常简单的话，然而其中包含了非常质朴的道理，尽管这个道理是老生常谈，却也令我无法忘怀。

如果快乐来敲门，就把大门敞开，大大方方地迎接它。要知道，快乐从来不会贸然造访，它总会在恰当的时机出现——遗憾的是，我们面对快乐时往往犹豫不决，不知道是否该让它进来，甚至有时会把它拒之门外。我们总是想弄清楚这种快乐是否存在充分的依据，否则就没有办法理直气壮地接受它；同时，我们也担心精神上的愉悦会干扰严肃的思考或者影响处理其他重要事情。

快乐的收益是直接且即时的，能让我们在当下就感受到幸福。可以说，快乐不是一张存在银行等待有朝一日兑现的支票，而是能实实在在地握在手中的幸运硬币——这对我们来说简直就是命运给予的最大恩赐！要知道，生死永恒，人类的存在在茫茫宇宙中如同白驹过隙，只不过是短暂的瞬间。

一定要快乐，一定要更加快乐。这就是我们在追求幸福的路上致力达到的最高目标。

3 只有"健康"的土壤才能培育出"快乐"的花朵

现在,显而易见,财富对快乐的贡献微乎其微,健康对快乐的贡献才是最重要的。

难道我们不是常常在所谓的"劳动人民"——尤其是那些生活在乡村的人们的脸上看到快乐和满足的表情?反观那些生于富贵人家的人们,他们常常看起来郁郁寡欢,鲜少流露出快乐的情绪。我们每个人都应该努力保持身体健康,因为只有健康的土壤才能培育出快乐的花朵。

怎样才能保持健康的身体呢?我的建议是:避免一切放纵或不节制的行为,避免一切剧烈的、令人不快的情绪,避免太过紧张和长时间的精神劳累,每天在户外做做运动,勤洗冷水澡,等等。

如果做不到每天进行适量的锻炼,就很难保持健康——想让身体机能维持正常的运作,就要坚持锻炼,因为一切生命活动都需要运动。在这方面,亚里士多德说过格言,"生命在于运动",也可以说运动是生命的本质。

我们身体内部的所有器官都在日夜不停地持续运转:心脏在复杂的、持续不断的收缩和舒张的过程中,强劲而不知疲倦地跳动着,每跳动28下,它就通过动脉、静脉和毛细血管将血液输送到全身；肺就像一台蒸汽机，一刻也不停地抽动、换气；肠道永远像虫子一样在蠕动；各种腺体也始终在吸收和分泌；甚至连大脑，它也伴随着我们的每一次脉搏和每一次呼吸，完成自身的双重运动。

如果一个人整天都坐着不动，几乎不锻炼，就会导致他身体外表的静止与内在的新陈代谢之间出现失衡，这种失衡对生命是有害的。当人身体内部不间断地运动时，会要求外部进行一些运动来与之对应，一旦这个要求得不到满足，身体中的某种情绪就会翻涌起来，我们不得不因此采取一些压制的措施，但这样做容易带来不良的后果。即使是一棵树，要想茁壮成长的话，也必须经受大风的洗礼才行。**请记住这个法则：不运动，不成活。**

我们快乐的情绪和良好的健康状况究竟会对幸福造成多大的影响呢？可以通过比较两种截然不同的现象来寻找答案：当我们身体健康、心情愉快时和当我们体弱多病、心情压抑时，相同的外部环境或事件会留给我们不同的印象。

客观存在的事物究竟让我们感到幸福还是不幸福，并不是由它们本来的面貌决定的，而是由我们看待它们的方式决定的。这就如爱比克泰德[①]所说："事物的本身并不能影响

[①] 爱比克泰德，古罗马最著名的斯多葛学派哲学家之一。

人，人们只会被自己对事物的看法所左右。"

概括而言，我们的幸福十之八九取决于健康。如果身体健康，一切事物都是幸福的源泉；如果失去健康，万事万物都变得索然无味，没有任何事是令人感到愉快的；甚至连那些美好的品质，如聪明的头脑、快乐的性情、乐观的心境，都会因为健康受损而大打折扣、黯然失色。正因为如此，人们见面时总是会先问候对方的健康状况，并祝愿彼此身体健康。对于人生的幸福而言，保持健康的确是头等大事。

我们可以得出这样的结论：牺牲自己的健康去追求其他稍纵即逝的快活是愚蠢的行为。不管是为了赚钱、升职，还是为了获取学问或名气，甚至是为了得到片刻感官上的欢愉，牺牲健康的人都是愚不可及的。我们应该把健康放在首位，其他的一切都应当为其让路。

4 乐观和美貌更容易让人幸福

尽管健康能够在很大程度上给我们带来快乐的心情，而快乐对于幸福来说至关重要，但是这并不意味着快乐的心情完全依赖于健康。即使一个人身体健康，他也可能多愁善感，总是沉浸于悲观的情绪中。发生这种情况，究其根本原因在于，个人的体质是先天的、不可改变的，并且和肌肉活动、感觉能力之间存在某种普遍的、密不可分的联系。超常的感觉能力会带来精神的失衡，使人受控于抑郁的情绪，同时伴随着周期性的过度兴奋。

天才往往都是神经质，或者说他们都是神经过度敏感的人。对此，亚里士多德给出一个结论，"凡是在哲学、政治、诗歌或艺术等领域获得杰出成就的人，看起来无不多愁善感"。西塞罗[①]在文章里也引用了这句话，他说，"亚里士多德说过，所有的天才都是忧郁的"。莎士比亚则在他的作品《威尼斯商人》中，用几行字非常巧妙地描述了这种与生俱来的气质以及彼此之间巨大的差异性：

大自然创造出来的人真是太奇特了；
有的人总是笑眯眯的，就像鹦鹉见了风笛手；
有的人终日皱着眉头，郁郁寡欢，
就算阅历丰富的长者发誓说那笑话很可笑，
他也不肯露出牙齿笑一笑。

柏拉图用"郁闷"和"愉快"这两个词来区分悲观者和

---

① 西塞罗，古罗马政治家、雄辩家、法学家和哲学家，其作品对欧洲的哲学和政治学产生了深远的影响。

乐观者。之所以有这样的差别，是因为不同的人对快乐和痛苦表现出来的感受程度是完全不一样的。面对同样一件事，有的人会觉得有趣，有的人却感到绝望。

一般来说，一个人越容易感受到不快乐，那么就越不容易感受到快乐，反之亦然。一件事情可能会出现好或坏两种结果，如果变好或变坏的概率是一样的，悲观者通常会因担心事情出现不利的趋势而感到烦恼或悲伤，即使后来情况有所好转也高兴不起来。乐观者则不然，他们不会因为事态糟糕而过度担忧，一旦情况有所转变，他们就会更加受到鼓舞。

对于悲观者来说，即便十件事情做成了九件，他也不会快乐，反而会因为那一件没有完成的事情而懊恼；与此相反，乐观者只要有一件事做成了，就会从中获得安慰，并保持快乐的心态。

事实上，世界上并不存在百分之百的坏事。悲观者面临的不幸和痛苦在很大程度上出自自己的想象，在他们眼中，不幸和痛苦被无限放大了；和那些无忧无虑的人相比，悲观者活得更不真实、更加焦虑。如果一个人不愿意看到事情好的一面，那么他眼里看到的是一片黑暗，什么事情在他眼里都是不幸的、糟糕的，那么他就会对世界失望。当神经系统病变或者消化器官紊乱诱发天生的忧郁倾向时，他很可能会对生活感到厌烦，这种情况一旦恶化，哪怕是一件小事，也可能导致其自杀行为；即使没有什么特别的原因，只是心情有点不愉快，这个人也可能会决意结束生命，然后冷静而坚决地实施计划。

正如我们观察患者所看到的那样，当他置身于被监管的环境中时，会非常急切地等待一个无人监管的时刻，一发现就会及时抓住这一时刻，然后用当下最自然且最能接受的方式来让自己解脱；在那一刻，他既没有一丝一毫的害怕，也完全不会退缩和挣扎。即便是那些最健康的，又或许是最快乐的人，如果置身某种特定的情境下，也会想到结束自己的生命——例如，当他遭受的苦难或者某些无法避免的不幸给他带来的恐惧压倒了他对死亡的恐惧的时候。

在面对痛苦和苦难时，被诱导自杀的悲观者和乐观者之间唯一的区别在于感受到的痛苦程度不一样，乐观者可能需要程度更高的苦难才会诱发自杀倾向；而对于悲观者而言，一点轻微的痛苦和苦难就足以让他产生自杀念头。越是悲观的人，诱发其自杀倾向的因素越微不足道，甚至接近于零。如果一个人本身是积极乐观的，并且有健康的身体来支撑他维持良好的精神状态，那么他一般不会自寻短见，除非碰到某些迫不得已的极端情况。可以说，一个人越悲观，诱发他自杀的因素就越多。

总结起来看，导致自杀的原因可大可小，其中会产生两种极端的情况：天性忧郁的人往往会忽视自己生命的价值，这种病态的主观心理会加剧他的负面情绪，进而诱发自杀；天性快乐的人，在客观因素的影响下，也会有足够的理由来结束自己的生命。

在一定程度上，美貌也和幸福相关。**美貌可以被视为一项个人优势，尽管它不会直接带来幸福，但是可以通过给别人留下深刻的印象，间接地为幸福做出贡献。**甚至对于男人来说，长相英俊的优势也不容小觑。

美貌犹如一封公开的推荐信，从一开始就让我们更容易赢得他人的青睐。这就犹如荷马在诗句里流露出来的，天生丽质难自弃，美貌是只有神灵才能赠予的礼物：

　　神赐的礼物不能丢却，因为它们象征荣誉——
　　神们按自己的意愿送给，
　　凡人的一厢情愿不会得到它们。①

---

① 出自《伊利亚特》第三章，第六十五页。

5　痛苦和无聊是幸福的两个敌人

只要对生活稍加观察，我们便可以发现，人生的幸福有两个敌人，一个是痛苦，另一个是无聊。更进一步来说，当我们足够幸运地在某种程度上逃离了其中一个敌人时，却会在一定程度上向另一个敌人靠近。

现实让我们相信，生活如同钟摆，在痛苦和无聊之间或剧烈或温和地摆动。免遭痛苦却无法免除无聊，反之亦然。之所以会这样，原因在于痛苦和无聊之间是一种双重对立的关系，一重是外部的或客观的，一重是内在的或主观的。窘迫、贫困会制造痛苦，富足、无忧会带来无聊。因此，当处于底层的人们迫于生计而在痛苦中奋力挣扎时，上层社会的人们却在和无聊进行着旷日持久且时常陷入绝望的斗争。[1]

内在的、主观的对立往往来自一个事实：一个人对痛苦的感受能力与其对无聊的感受能力成反比，这与个体的心智程度直接相关。我也可以这样解释，甚至可以将此作为一条

---

[1] 这两个极端情况也会有交集：游牧或流浪生活标示着最低等的文明，云游四海的旅游生活标示着最高等的文明，有时候低等文明会在高等文明中找到相似的情况。前者是为了必要的生存，后者是为了解决无聊。

法则，那就是感受力的迟钝与心智的迟钝密切相关，简单来说，无论何种程度的痛苦或焦虑，感受力迟钝的人通常都不容易感知。

心智迟钝会造成内心的空虚，反映在外表上就是表情麻木。对外在世界发生的一切事情都表现出持续且积极的关注，这是一个人无聊的真正根源——他的内心是空虚的，需要各种各样的事物来刺激大脑和心灵。他们为了填补内心的空虚，可谓饥不择食：追求各种无意义的社交、消遣和享乐；搬弄是非，窥探他人的隐私或者对他人的事情说三道四。然而，这些方式只能表明他们对自己所见的痛苦无动于衷。结局是，这些人往往变得骄奢淫逸，沦落至更凄凉、悲苦的境地。

要想免于这样的痛苦，只能依靠心智的力量，也就是丰富精神思想。**精神思想越丰富，留给无聊的空间就越小。思想是永远不会枯竭的！**精神思想越丰富的人，越会不停地探索内心世界和外在世界，发现各种各样的新事物并融会贯通——这样做能让头脑活跃起来，不仅可以让人松弛下来，而且能避免无聊。

在另一方面，如果一个人拥有强大的心智力量，这意味着他的感受力更敏锐、意志力更强大、热情更高涨。这些品质加在一起，会让人对所有精神上的痛苦以及身体上的痛苦更加敏感，同时更加难以忍受任何不如意的事情，甚至对轻微的干扰也会充满反感和怨恨——强大的想象力放大了所有情感，包括不愉快的情绪。从最愚蠢的傻瓜到最伟大的天才，历来都是如此，这与智力程度、思想能力无关。

综上所述，不管是从主观的角度来看，还是从客观的角度来看，任何人距离幸福的一个敌人越远，就会越接近幸福的另一个敌人。人总是在不幸的两端来回摇摆。

6 内在越是充盈，想从他人身上获取的东西越少

一个人的天性会引导自己，使自己的客观世界尽可能符合主观世界；也就是说，他会采取最强硬的措施来对抗他最有可能遭受的痛苦。

睿智的人会努力摆脱痛苦和烦恼，追求宁静和悠闲，过一种不被人打扰的生活。一旦他对人或者人性有所了解，他就会避世隐居；如果他拥有智慧、思想深远，甚至会选择独居。一个人的内在越是充盈，想从他人身上获取的东西越少。事实上，旁人对他来说无足轻重，没有什么意义。这就是拥有卓越的智力会让人性情孤僻的原因。诚然，如果智力的质量可以用数量来弥补，那么即使生活在芸芸众生之中也

是值得的；但不幸的是，一百个傻瓜凑在一起，也无法造就一个聪明人。

相比而言，处于痛苦另一端的人——那些智力不足、情商不高的人，一旦摆脱贫困，不必为生活而四处奔波，就会不惜代价地进行消遣和娱乐。他们会热衷于各种各样的社交活动，纵情人生，对其他事情包括他自己都避之不及。人一旦置于孤独的境地，自我及其他自身固有的东西就会显现出来。

衣冠楚楚的愚人们即使外表光鲜，也无法摆脱低劣可怜的个性，只能徒劳地哀叹；而有才华的聪明人，哪怕身处废弃的荒野，也会凭着自身蓬勃的思想而保持活力。

塞涅卡[①]宣称"愚蠢是愚蠢自身的负累"，这是一句真理。同样的道理，耶稣也说过，"愚人的生活比死亡更糟糕"。

人们通常会发现，一个人越是热衷于和他人交往，其智力水平越平庸。一个人生活在这个世界上，要么选择孤独，要么选择庸俗，除此之外没有其他更多的选择。

---

① 塞涅卡，古罗马政治家、斯多葛派哲学家、悲剧作家、雄辩家。

7　平庸者打发时间，聪明人利用时间

我们可以把大脑视作人体的寄生物或者租客，只是与身体住在一起罢了；闲暇，即一个人可以自由地享受大脑所反映的自我意识或个性的时光，则是通过平日辛勤劳动获得的果实。

可是，大多数人闲暇时会做什么呢？要么无聊至极，要么贪图享乐。通过这些人消遣时光的方式就可以看出，闲暇对他们来说毫无价值！正如阿里奥斯托[①]观察到的，"无知者的闲暇时光多么无聊啊"。

普通人只会想如何打发时间，而聪明人则会思考如何利用时间。平庸的人之所以感到厌烦，是因为他们的智力受到意志的驱使。如果暂时无法唤醒意志，意志缺乏动力，智力也就随之停止转动了——他们的意志和智力都需要外界的刺激才能发挥作用。由此产生的结果是，无论一个人拥有什么力量，都会停滞不前——这就是无聊。

为了消除无聊带来的痛苦，人们会寄希望于一些可能给感官带来片刻欢愉的琐碎之事，试图以此唤醒意志，激活智

[①] 阿里奥斯托，意大利诗人，代表作品有七首《讽刺诗》以及长篇叙事诗《疯狂的罗兰》。

力。可与真实而自然的动机相比,这些动机显然太肤浅了。这就好比纸币之于金币,前者不过是象征物,其价值具有随意性,后者才是货真价实的。

纸牌类游戏便是人们为了消遣无聊而发明的。如果没有这些游戏,人们常常要么无所事事,要么抠抠手指,要么用手指随意地敲敲桌子,或者点燃一根雪茄来代替大脑思考。在各个国家,纸牌游戏成了社交场合最主要的娱乐活动,这样的社交又有什么价值呢?这无异于宣告"我们精神空虚,思想已经破产"。因为人们彼此之间根本就没有可以交流的思想,他们只想玩牌,并试图赢取别人的金钱。真是一群愚昧的人!

为了不失公允,我还要为纸牌游戏辩护几句:值得肯定的是,纸牌游戏可以是一种演习,为应付大千世界和世俗生活做准备——通过打牌,人们可以学习如何巧妙地利用偶然却不可改变的手气(拿到的纸牌),尽可能多地从他人那里获取自己想要的东西。要做到这一点,人必须学会伪装,即使拿到一手烂牌也要摆出一副高兴的样子来迷惑对手。

不过,从另一方面来说,经常玩纸牌游戏,也可能会渐渐地让人道德败坏,因为玩牌的目的就是不择手段地赢取原本属于别人的财物。从牌桌上学到的习惯会逐渐蔓延到日常生活中,让人用相同的态度来看待人生,将人生当作一场牌局,认为不管是"我的"东西还是"你的"东西,都是"游戏"罢了。如此一来,人们便会采用和牌桌上相同的方式来处理生活中的事情,认为只要不违反法律,就可以最大限度地利用自己的优势去谋取所需。这样的例子在商业社会中随处可见。

闲暇是生命开出的花朵,更确切地说,是生命结出的果实。只有闲暇才是一个人可以完全拥有的时光。如果一个人的内在是丰富多彩的,那么他在消磨闲暇时光时,感觉是幸福的。然而对于大多数人来说,闲暇意味着什么呢?他们无所事事、庸庸碌碌,这段可以由自己掌握的时光反而是一种负担。

暗自庆幸吧,那些可以享受闲暇时光的人!

8 越独立,越幸福

进一步来说,富裕的国家能够自给自足,不需要进口商品或者只需要少量进口商品;相同的道理,如果一个人的内在十分富足,对于外在财物的需求很低甚至是没有需求,那么他就是幸福的。因为进口的商品不但价格昂贵,而且需要依靠外力,会让人产生依赖性,存在一定的麻烦和风险。事实上,很多昂贵的进口商品不过是国产货的糟糕替代品罢了。

任何人都不应该对他人或外部世界抱有太多的期望。每个人都应该认识到：对他人而言，你并没有那么重要。归根结底，每个人都是独立的个体，只能依靠自己。歌德的自传《诗与真》中有一句真理，即"无论做什么事情，最终只能诉诸自身"。戈德史密斯[1]在《旅行者》中写下了这样的诗句：

不论身处何地，我们只能依靠自身创造或发现幸福。

一个人能成为或得到的最好的、最多的资源就是自己。一个人越是能够从自身找到乐趣，那么他就越幸福。亚里士多德也说，"快乐意味着自我满足"。[2] 因为其他所有幸福的源泉本质上都是不确定、不稳定、为时短暂的，都具有偶然性；即便在最有利的情况下，这些外在的幸福源泉也可能不可避免地消失殆尽。

当我们随着年岁渐长而步入迟暮之年，几乎所有外在的幸福源泉都会枯竭：爱情消逝，敏捷的思维、远行的欲望离我们而去，对社交也提不起兴致；身边的朋友和亲人也随着

---

[1] 奥利弗·戈德史密斯，英国剧作家，生于爱尔兰，代表作《旅行者》。
[2] 《欧德谟伦理学》，第七卷，第二章。——作者注

死亡离我们而去。面临这样的时刻，一个人自身拥有什么比以往任何时候都更加重要，因为在漫长的人生旅途中，始终陪伴你的就是自己，"自己"是幸福唯一真实且永不枯竭的源泉。

这个世界不是慷慨无私的，一个人能够从中得到的东西并不多。生活中充满了痛苦，即便一个人侥幸逃过痛苦，也会被等待在角落里的无聊侵袭。邪恶总能占领上风，愚昧的声音总是最喧嚣的。

命运是残酷的，人类是可怜的。生活在这样的世界里，如果一个人的内在丰富，就犹如在圣诞节时拥有一间温暖而明亮的小屋；而内心匮乏的人只能无奈地面对冰天雪地，感到凄凉、寒冷、苦闷。毫无疑问，对于一个人来说，世间最大的幸福莫过于拥有丰富的内在，尤其是天生的才智——尽管它不一定带来最光明的前途。

十九岁的瑞典女王克里斯蒂娜通过一篇论文了解到，笛卡尔曾经在荷兰避世隐居了二十年。对此，女王的评语尽显睿智："笛卡尔先生是世界上最幸福的人，我非常羡慕他的生活。"[①] 当然，像笛卡尔这般隐居，只有具备了足够优越的外在条件，他才能主宰自己的人生并获得幸福。就像我们在

---

① 《笛卡尔传》，第十章。——作者注

《旧约·传道书》中读到的那样,"智慧和产业都有,这样的智慧才更加有益"。

那些被大自然和命运赐予智慧的人,会小心谨慎地维持自己内在的幸福源泉永不枯竭——为了确保这一点,独立和闲暇是必不可少的。为了获得独立和闲暇,他们甘愿节制自己的欲望,珍惜自己的资源,而不是像其他人那样,依靠外部世界获取快乐。他们不会受到职位、金钱或他人赞誉的诱惑,不会为了配合低级的欲望和庸俗的趣味而牺牲自己。他们会遵照贺拉斯写给梅塞纳斯①的信中的建议,即"为了外在的财物而牺牲自我的内在,用个人的闲暇和独立去换取荣耀、地位、头衔和名气——这些都是愚蠢的行为"。可惜,歌德这样做了,而我幸运地选择了相反的方向。

9 获得幸福的三种基本能力

我坚持一个真理,即人的幸福主要来源于内在。亚里士

---

① 梅塞纳斯,罗马帝国皇帝奥古斯都的谋臣。

多德在他的《尼各马可伦理学》[1]中通过大量精确的观察证实了这一点,他说,幸福的前提是人从事某种活动或运用某种力量,否则无从谈起。按照亚里士多德的说法,一个人的幸福在于自由地发挥才能。这个观点与斯托拜乌[2]的观点有异曲同工之妙。斯托拜乌在阐述逍遥派(即亚里士多德学派)哲学时也说了,"幸福就是施展才能做事,并获得想要的结果"。他强调,"才能"意味着可以处理任何事情。

大自然赋予人类力量和能力,目的就是让人们有力量面对困难。一旦脱离对抗的环境,人的力量无处释放,反而会成为负担。因此,人们必须运用这些力量和能力,否则人生的另一种痛苦将随之到来,那就是"无聊"。那些地位显赫的人、财力雄厚的达官贵人最容易遭受无聊的折磨。

在很早以前,卢克莱修就描绘过富人们悲惨的生活状况,如今我们依然可以在大城市中见到相似的例子:

富人很少待在自己的家里,因为这样令他感到厌烦,可是他出门后发现,外面的世界并不精彩,便不得不返回家中;要么他就像城里的房子着火了一般,飞速地赶往乡

---

[1] 参见《尼各马可伦理学》,第一卷,第七章;第七卷,第十三、十四章。——作者注
[2] 斯托拜乌,马其顿学者,以编纂古希腊文献而闻名。

下的别墅，可是一到那里，他就又觉得无聊，只想倒头睡觉以求忘记一切，甚至他会再一次匆匆忙忙地从乡下赶回城里。

想必这些人年轻时身强力壮、精力充沛，但这些力量不同于智力，无法长久地维持。随着岁月的流逝，他们要么完全丧失精神的力量，要么因为缺乏机会而无法发挥精神的力量，从而陷入悲惨的境地。然而，他们仍然保有欲念，这是唯一不会衰竭的力量。他们试图通过一掷千金的豪赌等刺激性游戏来激发自己的欲念，这无疑是可耻的低级趣味。

一般来说，当一个人无所事事的时候，会选择一些自己擅长的娱乐活动来消遣时间，例如打保龄球，下棋，狩猎，绘画，赛马，听音乐，玩牌，写诗，研究纹章学、哲学，或是其他的业余爱好。

人们的兴趣爱好种类繁多，我们可以进行系统的研究并分类，将它们归纳为三种基本的能力，这三种能力是人类所有快乐的源泉。每个人都可以从中找到自己擅长的一种或几种能力，并获得相应的快乐。

第一种基本能力是人体的新陈代谢能力，会带来饮食、消化、作息和睡眠等与生命活动相关的快乐。在某些国家或地区，这类快乐甚至成了全民性娱乐。

第二种基本能力是肌肉能力，发挥肌肉力量可以获得快乐，如散步、跑步、摔跤、跳舞、击剑、骑马或类似的运动等，甚至军事训练和战争也包括在内。

第三种基本能力是感知能力，例如通过观察、思考、感受、品鉴诗歌和文化、听音乐、学习、阅读、冥想、发明创造、哲学思索等方式获得快乐。

关于这些快乐的重要性、价值和持续性，值得讲的东西很多，但我要留给读者来补充。

10 感知能力越强，获得的快乐越多

人人都能明白，运用或发挥的能力越高级，获得的快乐就越多。要想获得快乐，必须施展自己的能力，而幸福就是由一连串重复的快乐构成的。比起另外两种能力带来的快乐，感知能力带来的快乐更高级一些。没有人会否认这一点。动物身上也具有其他两种能力，而在感知能力方面，人类胜于其他动物。

感知能力的表现形式是精神的力量，可以使我们获得必须依靠思想才能得到的快乐，即所谓的智识的快乐。可以说，感知能力越强，获得的快乐越多。

对于一个普通人而言，只有当一件事激发了他的欲念

时，他才会对其产生浓厚的兴趣。然而，持续不断的刺激并不总是美好的，也会带来痛苦。比如纸牌游戏，这项流行于"上流社会"的娱乐活动看似可以提供刺激，但只是短暂的、微小的刺激，并不能消除真实且永恒的痛苦。说到底，纸牌游戏对于欲念而言无异于隔靴搔痒。

如果是一个智力超群的人，他不需要任何刺激就会对知识方面的事物产生浓厚的兴趣。对他来说，这样的兴趣是必需品，可以帮助他远离痛苦，让身心感受到仿佛置身于仙境的祥和喜乐。

普通人将全部身心放在追求各种满足个人安逸的渺小利益上，却不得不对抗由此而产生的不幸与苦难；当他们停下为生活奔波的脚步，只需要面对自我的时候，就会陷入无边无际的无聊中；他们不堪忍受、死气沉沉，只有疯狂的激情之火才能重新点燃他们对生活的热情。

智力超群的人，他们内在丰富，过着多姿多彩、充满活力的生活。他们会被有价值和有兴趣的事物吸引，一旦投入其中，就能获得最高尚的快乐。他们想要的外界刺激来自大自然的鬼斧神工，以及对人生、时代、国家伟大成就的思索——只有这样的人，才能充分理解这些成就的伟大之处并真正地欣赏它们。在他们眼中，这些重要的人和事都真切地存在着。其余的普通人不过是过客，偶尔看一看，要么一知半解，要么道听途说。

11　没有真正的需求，就没有真正的快乐

心智强大的人比普通人有更深层次的需求，那就是阅读、观察、学习、冥想和实践的需求。简单来说，他们需要不被打扰的闲暇。

伏尔泰有句颇具哲理的话，"没有真正的需求，就没有真正的快乐"。 正因为有需求，例如探索自然、艺术和文学等，人们才能获得别人无法享受的快乐。而对于没有这样需求的人来说，即便身处美丽的大自然中，他也会忽视周围的美景，感受不到一丝一毫的快乐。

一个在思想方面有天赋的人将过上两种不同的生活，一种是日常的个人生活，另一种是精神的生活。而且，他会逐渐将精神生活视为真正的目标，前者只是实现目标的一种手段。然而对于大部分普通人来说，浅薄、空虚且麻烦不断的平庸生活才是人生的目标。

在那些心智强大的人眼中，对于精神的追求始终高于其他一切追求。随着他们内在的不断丰富和对事物认知的不断增加，他们的精神生活也会越来越完整，就像一件艺术品在精心雕琢下逐渐完善、成型。与这种精神生活相比，那种致力于追求个人安逸的生活，或许十分充实，但必定不深刻，

充其量是一场拙劣的表演。可惜的是，正如我所说，大众更愿意将这种"现实生活"当作人生目标。

如果少了激情，每天的平淡生活就显得枯燥乏味；可是如果有了激情的刺激，痛苦很快就会随之而来。毫无疑问，那些心智强大的人是幸运的，因为他们的智力超出了欲望的需求，可以让他们在过日常生活的同时，还能享受另一种精神生活，远离痛苦，趣味盎然。

仅凭闲暇（智力不需要由意识欲念来驱使的时候）就想过精神生活，是不可能的。精神生活离不开真正充足的力量，只有力量充裕，人们才能摆脱欲念的支配，得以投入纯粹的精神活动中。 恰如塞涅卡所说，"无知的消遣是死亡的形式之一，是一座活死人之墓"。

每个人的精神生活由于心智程度的不同而有所不同，可以是收集和观察昆虫标本、鸟类、矿石、硬币等小收获，也可以是创作诗歌或哲学思辨等思想的最高成就。

精神生活不仅可以使我们免于无聊，还可以帮助我们抵御无聊的不利影响——将自己的幸福完全寄托于外在世界的人，注定会面临各种危险、不幸、损失或穷奢极欲。例如我的哲学，虽然它从没有给我带来什么实际的好处，但是帮我节省了不少开销。

普通人会把自己的幸福寄托在身外之物上，例如财物、地位、妻子、儿女、朋友、社交活动等，一旦失去这些东西或是发现这些身外之物并不如意的时候，幸福也就消失得无影无踪。进一步解释就是，这个人的人生重心并不在自己身上，而是会随着自己的愿望和念头不停地转换。倘若这个人家底丰厚，有足够的物质基础，那么对于他来说，人生的重心随时可能变化：今天是在乡下的别墅度假，明天是购买马匹，后天则是宴请朋友或者是出外旅游。简而言之，他过着外人眼中的奢华生活，奢望从这些自我之外的事物中获得乐趣和幸福，这就像一个失去健康的人试图通过各种汤药重新获得力量，但是他忘了发展和巩固自身的生命力才是幸福的真正来源。

12 天才都是孤独的

我们先放下这些极端的例子，来看看那些才智并不突出，但比资质平庸之辈多一些精神追求的人吧。在通常情况下，这类人有一些业余爱好，例如艺术，或是植物学、物理学、天文学、历史学等科学研究，他们可以从这些外在事务中发现莫大的乐趣。当外在源泉枯竭、无法满足他的时候，他就会通过这些研究来得到乐趣。我们可以说，这类人的人生重心，一部分在自己身上。但是，业余爱好与自发的创造性活动是截然不同的,对自然科学的追求也流于肤浅的表面,并未触及事物的本质。这些人不可能让自己的人生完全被业余的爱好与追求填满,反倒容易被其他事物吸引。

只有那些才智超群,也就是被我们称为天才的那些人,才有可能将一生的时间和精力都倾注在某个主题上,将自己对人生的思索和独特的理解,通过诗歌或哲学的方式表达出来。

对于天才来说,不受打扰地专注于自己的思想与作品的需求是十分迫切的。他们乐于独处,闲暇是至高无上的礼物。其他一切好处对他们来说都是多余的,甚至成了负担。可以说,天才的人生重心完全在自己身上。这些人在社会中是极其罕见的,无论他们的性格多么优秀,也不会对周围的朋友、家庭和一般的社会团体表现出过多的关注和兴趣,因为他们从自身获得满足,不会因为外在事物的得失而感到快乐或悲伤。

孤独是天才的特质,尤其是当旁人无法真正切实地满足他们时,这种特质就会明显地呈现。他们天赋异禀,习惯于保持特立独行,哪怕被周围的人视为异类也毫不在意。他们提到其他人的时候,往往会使用第三人称"他们",而不是第一人称"我们"。

我们可以得出结论，那些天生被赋予精神财富的人才是最幸福的。事实上，主观意识对我们的影响要远远大于客观事物对我们的影响。无论客观事物有什么作用，对我们来说都是间接的，必须通过主观意识才能发挥出来。对此，卢奇安[①]做出了形象的解释，即"灵魂的财富才是真正的财富，其他财富带来的烦恼多于好处"。

内心富有的人对外界别无所求，他只想不被打扰，培养和完善智慧，享受自己的内在财富。 这样，在他的一生中，他每时每刻都可以做真实的自己。

如果才智超群的人想要给这个世界留下什么，那么对他来说，衡量幸福或者不幸福的标准只有一个，那就是他能否完美、充分地发挥自己的才能，完成自己的杰作。除此以外，其他的都是微不足道的。

由此，我们会看到，各个时代伟大的思想家都十分看重不被打扰的闲暇，因为闲暇的价值等同于他的自我价值。亚里士多德曾这样说，"**幸福存在于闲暇之中**"。[②]第欧根尼·拉尔修则表示，"苏格拉底将闲暇视为最宝贵的财富"。

[①] 卢奇安，古希腊讽刺散文作家，代表作品有《真实的故事》《卢奇安对话录》。
[②] 《尼各马可伦理学》，第十卷，第七章。——作者注

因此，亚里士多德在《尼各马可伦理学》中总结："献身于哲学研究的人生是最幸福的人生。"在《政治学》中，他也发表过类似的言论，即"可以自由地发挥任何力量，就是幸福的"。[①]这一观点与歌德在《威廉·迈斯特》中的说法不谋而合："天赋异禀的人注定会施展自己的才华，并从中发现最美好的快乐。"

13 闲暇与智慧并存，是一个人最大的幸运

对于普通人来说，拥有不被打扰的闲暇是很难的，因为这违背了人的本性。作为一个普通人，终其一生就是在为自己和家人的生活不停地奔波。当一个人为了生存而挣扎度日的时候，他很难自由地发挥才智，更谈不上高尚的精神乐趣。

闲暇是普通人的负担。如果缺少一个假想的目标，只能用各种各样的游戏或爱好来消磨时间，闲暇反而会成为一种痛苦。如同某句谚语所说，"无所事事就会躁动不安"。

[①]《政治学》，第四卷，第十一章。——作者注

一个人的才智水平远远超过一般人，看起来是偶然且不正常的现象。如果真有这样的人，那么闲暇对他来说就是必不可少的，他不会像普通人那样，把闲暇视为负担。而且如果缺少了闲暇，他就会像被套上枷锁的珀伽索斯①那样无法感到快乐。

如果既能拥有外在的、不被打扰的闲暇，又能拥有内在的、伟大的才智，那真是最大的幸运。这个人是被命运眷顾的，可以过上一种更高级的生活，成功避开人类两大痛苦的根源——物质匮乏和精神无聊。他不必承受为了生存而辛苦奔波的痛苦，也不用担心长时间的闲暇会带来无聊。只有消除物质匮乏和精神无聊这两种痛苦，人们才能摆脱困扰。

对此，也存在一些不同的意见。伟大的才智往往意味着异常活跃的神经活动，对各种形式的痛苦也具有高度的敏感性。此外，这样的天赋还意味着鲜明的个性和强烈的气质，与此密不可分的是，对事物的感知更加深刻、情感更加强烈。这样带来的结果是痛苦多于快乐。

异于常人的天赋会让这些人疏远其他人，即他人所做的事情，因为一个人自身拥有得越丰富，他从别人身上发现、

---

① 珀伽索斯，希腊神话中长有双翼的白色飞马，被视为文艺、科学女神缪斯的标志。

得到的就越少。别人津津乐道的事情，对他而言是既乏味又无聊的。这或许就是"平衡法则"无处不在的佐证。

有一种说法常常被人们挂在嘴边，那就是"蠢人往往是最幸福的人，尽管他们的命运不被人羡慕"。对此，我不打算过多评论，以免影响读者的判断；尤其是索福克勒斯[①]已经就这一问题表达过两种截然相反的观点。一方面，他认为智慧是决定一个人幸福与否的最主要的因素；另一方面，他宣称不思考的人生是最轻松愉快的人生。在《旧约》中，贤哲们也认同这样的说法，譬如，"愚人的人生比死亡还要糟糕""智慧越多，烦恼越多；知识增长，烦恼也会增多"。

14 庸人的特质

依我看来，一个没有精神需求的人，智力平庸、思想狭隘；从严格意义上来说，这样的人就是所谓的"庸人"（德语：philister）——这一称谓源于德语，曾经是风行于各个高校的俚语，后来有了更深层的意义，用来指代"被缪斯女神

[①] 索福克勒斯，雅典三大悲剧作家之一。

抛弃的人",也就是没有灵性的人。

我更愿意从更深层的意义来理解"庸人"这个词语,把它用来形容那些总是关注虚假现实的人们。不过,这样的定义有点抽象,不容易被人理解,不适用于面向大众的文章。相比之下,第一个定义更容易理解和阐述,它指明了庸人的本质,即庸人就是没有精神需求的人。

由此,我们可以推断出庸人的形象。庸人没有什么智力上的乐趣——正如前面提到的,没有真正的需求,就没有真正的快乐。庸人对任何知识都缺乏强烈的兴趣,没有享受真正的美的渴求。倘若这种智力上的乐趣是一种时尚,庸人会强迫自己关注它们,这其实是出于一种敷衍的态度,实际上他对此几乎毫无兴趣。

对于庸人来说,唯一真正的乐趣是感官上的乐趣,并且他认为感官的享乐可以弥补其他方面的损失。在庸人眼里,牡蛎和香槟是生活的最高境界,他的生活目标就是竭尽所能地获取所有能给自己带来安逸和舒适的东西。如果他因为这些事情忙得晕头转向,那反倒是一种无与伦比的幸福!

如果一个人运气好,生下来就坐拥巨额财富,不需要自己辛辛苦苦地打拼,那么他难免会感到无聊。为了对抗无聊,他只好依靠各种能够想到的消遣方法,例如舞会、打球、看戏、玩牌、赌博、赛马、沉迷女色、喝酒、旅行等。然而,所有这些都无法保证一定可以赶走无聊,因为没有真正的精神需求，就无法真正获得精神的快乐。

庸人有一个典型的特征，他们空虚麻木，生活没有重心，这一点和动物相似。没有什么东西能够使他们真正感到快乐，因为感官的乐趣总是稍纵即逝，世界无时无刻不在发生变化，这会带来负担，甚至连纸牌游戏也变得令人厌烦，最后，只剩下虚荣心带来的乐趣。庸人们要么因为自己在财富、地位、影响力和权力方面优于他人而自鸣得意，要么追随那些在各方面都出众的人，以便让自己也能分享他们的辉煌——英国人把这样的人称为"势利眼"。

从本质上来说，庸人没有精神上的需求，只有生理上的需求，他们在社交活动中更倾向于接近那些能够满足自己生理需求的人。对于庸人而言，他最不需要从朋友那里获得的，就是思想方面的能力；若是不巧碰到才智突出的人，那很有可能引起他们反感甚至是憎恶的情感——他们的内心深处有一种嫉妒的情绪，只是平时被他们小心翼翼地隐藏起来了。有时候，这种嫉妒会发展成一种隐秘的怨恨情绪。

尽管如此，庸人永远不会追求卓越的精神思想，不会产生提升自我价值的念头；他们依然把财富、地位、影响力和权力视为真正的优势，依然继续追逐在这些方面胜过别人的人。造成这一切的原因，是他们身为一个人却没有精神需求。

庸人最大的苦恼在于任何思想都无法给他们带来乐趣，他们为了逃避无聊，只能不断地从现实中获得弥补和安慰。可惜的是，"现实"要么不尽如人意，要么危机重重；一旦现实的乐趣穷尽，庸人就会感到厌烦。相较之下，思想的世界广袤无垠，平静且祥和，超然于现实的悲苦。①

---

① 关于幸福涉及的个人素质、禀赋的讨论中，我主要探讨了人的生理和智力的本质。关于道德对幸福的直接影响和间接影响，请参考《道德的基础》（第二十二节）。——作者注

Chapter 3
第三章

寄托：
人拥有的身外之物

1 人类的三种需求

伊壁鸠鲁被誉为伟大的幸福导师,他将人类的需求精准且美妙地分为三类。

第一类需求是必要的、天然的需求,例如食物和衣服,如果这类比较容易满足的需求没有得到满足,人们就会感到痛苦。

第二类需求同样是天然的需求,但不是必须满足的,例如某些感官的满足。然而,在第欧根尼·拉尔修的记录中,伊壁鸠鲁并没有解释自己提到的感官具体指什么;在此,我会补充一些内容,将伊壁鸠鲁的学说阐释得更明确、更准确。[①] 要满足这些感官上的需求,相对稍加困难。

第三类需求是既不是天然的也不是必要的,它追求奢侈与挥霍、炫耀与浮华,像无底洞一般没有止境。这类需求很

---

① 参见第欧根尼·拉尔修《名哲言行录》,第十卷,第二十七节;以及西塞罗的《论善恶》,第一卷,第十三节。——作者注

难得到满足。

2 衡量幸福的关键不在于拥有什么，而在于期望什么

如何界定一个人对财富的渴望是否合理？没有固定的标准。因为我们无法明确地衡量一个人获得多少财富才能满足需求，只能在这个人实际拥有的财富与他期待得到的财富之间取一个相对值。当我们衡量一个人幸福与否时，如果只看这个人拥有什么，而忽略他想得到什么，这样的衡量没有什么意义。

如果一个人没有得到自己从未想要获得的某样东西，他不会感到惋惜，即使没有这样东西，他也同样快乐；而如果一个人得不到自己想要的某样东西，哪怕他拥有的财富是前者的百倍以上，他也会感到十分痛苦。

在现实生活中，每个人的格局不同，视野也不一样。格局限制了视野，视野决定了期望，也就是想得到什么。如果出现在眼前的某样东西正好是自己期望的，并且看起来得到它并不困难，那么我们就很容易感到幸福；但是如果得到这个东西需要付出很大的代价，我们就感觉不到幸福，甚至觉

得痛苦。而那些视野范围之外的东西，则不会对我们产生任何影响。因此，从这个层面上来说，富人坐拥巨额财富对穷人来说毫无影响，穷人并不会羡慕或焦虑不安；但是如果富人没有达到预期的目标，则会因为希望落空而郁郁寡欢，无法从已有的财富中得到慰藉。

财富如同海水，喝得越多越口渴。名声也是如此。

如果一个人突然失去原本拥有的大量财富，最初会感到很痛苦，可一旦熬过这个剧痛时期，心境又会恢复至从前。这是为什么呢？因为当财富减少后，人们会随之调整自己的期望，降低自身的需求。

当一个人遭遇了不幸，最痛苦的莫过于降低自己的需求；然而，真正这样做的确会减少许多痛苦，直到最后痛苦的感觉完全消失，就像是心灵的伤口慢慢愈合了。与此相反的是，如果一个人比较幸运，期望也会随之膨胀，并在这个过程中感受到幸福和快乐；可惜的是，这种美好的感觉并不能持续太长时间——我们一旦习惯获得扩大视野范围内的东西，幸福和快乐的感觉也就消失了。荷马在《奥德赛》中提到，"凡人的心绪飘忽不定，这是人神之父赐予的本性"。这句话就是我想要表达的意思。

期望越来越高、要求越来越多，可是自己却无法实现目标。这是一个人总感到不满的根源。

3　人类对金钱的渴望是天生的

对于人类来说，财富的重要性远远超过其他一切事物，甚至会把权力当作谋取财富的手段之一，因为人类的生存建立在各种需求的基础上，而财富能满足这些需求。追求财富成为人生的首要目标，其他不能带来财富的事物，例如哲学，常常被人抛诸脑后，受人冷落。这并不稀奇。

如果一个人表现出对金钱的渴望，常常会受人责备。事实上，人类对财富的热爱是与生俱来、不可避免的。金钱就像古希腊神话中永远不知疲倦的普罗透斯，随时准备满足人类飘忽不定的愿望和对一切物品的需求。相比财富，其他任何事物，一次只能满足一个愿望、一个单一的需求，例如当你饿了的时候，食物才更加美味；对于贪杯的人来说，美酒才显丰盛醇厚；药物是为了满足病人的需求；裘皮大衣只在冬天的时候才会派上用场；爱情对年轻人来说是必不可少的；等等。所有这些好处都是相对的，唯有金钱不仅能够满足某一具体的需求，还可以满足所有抽象的需求。

4 富人守护财富，穷人挥霍财富

如果一个人拥有一笔独立的财产，他可以将其视为能够抵御可能遭遇的邪恶和不幸的城墙，而不应该将其视为可以任由自己从外界获取乐趣的许可证，或是某种没有理由推辞的、应该挥霍一空的责任与义务。

当一个出身贫穷的人运用自己的才能挣得一大笔财富时，他常常会将自己的才能视为资本，而挣来的钱则是在此基础上产生的利息；他们挥霍这笔财富，并不会想到将赚来的一部分财富转变成固定资产。如此一来，财产急速减少，甚至被挥霍一空，他们便又陷入贫穷的境地，尤其是在他们没有更多的才能可以发挥作用的时候。如果举例子的话，艺术界有不少这样的人，他们因为江郎才尽而被时代淘汰；另一种情况是，他们的才华只在特定的时代背景下才能发挥作用，一旦失去相应的环境，他们的收入就会减少，生活也变得穷困潦倒。

当然，那些靠自己双手白手起家的普通劳动人民，只要他们愿意，也可以赚多少就花多少，因为他们掌握的技能不太容易消失，也很难被同行的其他技能取代；他们永远不愁没有市场。有句谚语很有道理，"绝技赛金矿"。

对于艺术家和各领域的专家来说，情况却完全不一样。

他们往往能够获取超出一般水平的丰厚报酬。他们原本应该将自己挣得的财富转化为本金，可是他们却没有这样做，而是任性地将财富当作才能衍生的利息，毫无节制地挥霍，直至分文不剩。

从另一方面来看，继承遗产的那些人至少知道如何区分本金与利息，而且他们中大部分人都会想办法保证本金，尽量不动用它；在条件允许的情况下，他们可能会将本金收益的八分之一储存起来，以备将来不时之需。因此，他们中大多数人都过着稳定且舒适的生活。

要注意的是，我在这里说的本金和利息的相关内容，并不适用于商人。对商人而言，金钱只是挣得更多金钱的手段，和工人的工具是一样的。哪怕他们的资产都是自己辛辛苦苦挣来的，他们仍会试图运用金钱，想尽各种办法使其保值、增值。也可以说，商人是最富裕的，因为他们比其他任何阶层的人都更懂得如何运用金钱。

通常，比起那些只是道听途说而没有真实经历过贫穷的人，那些尝过穷困潦倒滋味的人更不害怕贫穷，因而也更容易铺张浪费。一般来说，家境良好的人，对于未来的态度要谨慎得多，并且比那些因为运气好而一夜暴富的人更加节俭。这样看来，贫穷似乎并不是一件多么糟糕的事情。

然而，真正的原因或许是这样的：事实上，那些出生于富裕家庭的人们把财富看作是一种必不可少的、离开就无法生活的东西，如同空气一般的存在；他们守护财富就像守护自己的生命一样；因此，他们通常热衷规划，谨慎而节俭。

但是，一个出身贫苦的人，他对贫穷早已习以为常。如果有一天他碰巧发财致富，那么对他而言，财富更像是多余的东西，可以用来享受或浪费。即使日后财富被挥霍一空，他也可以坦然接受，回归到以前的生活，甚至还觉得减少了很多不必要的烦恼。这就如莎士比亚在《亨利六世》中所说的那样——"古话说得好：乞儿骑马，马不累死不下马。"①我们也可以说，这类人有一种坚定而过分的信心，一部分是对命运的信心，另一部分是对帮助他们摆脱贫困的才能的信心——他们的信心不只是存在头脑里，还存在心里。因此，他们不像生而富有的人那样，认为贫穷是无底的深渊，而是安慰自己，若是有朝一日回到原点，还可以触底反弹，再一次腾飞。

人类的这一天性恰好解释了：为什么那些婚前出身贫穷的女子，往往比那些给夫家带来丰厚嫁妆的富家女要求更多、花钱更大手大脚？因为一般来说，富家女带来的不仅仅是财富，更多的是保护这些财富的热切愿望——这是一种出于遗传的本能。如果有人怀疑这一点，并认为事实是恰好相

---

① 出自《亨利六世》下篇，第一幕，第四场。——作者注

反，那么他可以在阿里奥斯托的讽刺作品中找到依据。

不过，约翰逊博士[①]赞成我的观点。他说：

一个习惯理财的有钱女人，花钱的时候会精打细算；但是，如果一个女人在结婚后才第一次掌握经济大权，那么她就会非常喜欢花钱，甚至可能大肆挥霍。

——詹姆斯·鲍斯韦尔《约翰逊传》

不管怎样，我要给那些娶了穷姑娘的男人提个建议：不要把本金交给她们，只给她们一份年金就可以；而且要特别注意的是，不要把留给孩子的财产交到她们手上。

5 足够的财产能够带来真正的自由

当我提醒人们要小心保管挣得或继承来的财产时，我并不认为自己是在浪费时间谈论一个不值一提的话题。因为一个人从一开始就拥有足够的财富，享受真正的独立与富足，也就是说，他无须工作就能够过得很舒适——哪怕他的财产

[①] 指塞缪尔·约翰逊，英国作家、文学评论家、诗人。

只够养活自己，而不包括他的家人——这是一个无法估量的优势。这意味着，这个人可以摆脱贫穷这一慢性疾病，这种疾病就像瘟疫一样笼罩着人们的生活，它将人从奔波劳苦的宿命中解脱出来。只有这种得到眷顾的人，才称得上是生而自由的人，他们可以主宰自己的时间和力量，是自己的主人，能够在每一个清晨说："今天只属于我自己。"

同样的道理，拥有一百块的人和拥有一千块的人之间的差别，要比拥有一百块的人和身无分文的人之间的差别小得多。

但是，当祖传的家产落到一个精神禀赋高的人手里，而这个人决心追求与赚钱不相关的生活时，它的价值就实现了最大化。因为命运赋予这种人双重的天赋，他可以为自己的天赋而活；他也可以创造一些有助于大众利益和人类名誉的作品，获得别人无法企及的成就——通过这种方式，他数百倍地偿还他从物质世界中获得的一切。另一方面，他还可以运用所拥有的财富开展慈善活动，为人类服务。

然而，如果这个人不做这些事情，或不尝试做这些事情，也没有打算深入研究一门学科，那么即便他天生拥有很多财富，也不过是一个懒汉、一个时间的小偷、一个卑鄙的家伙。他甚至不会感到幸福，即使摆脱了贫穷，也会被推到人类另一个痛苦的极端——无聊，这对他来说无疑是一种折磨——如果贫穷让他不得不四处奔波，他反倒能过得好一点儿。当他无聊的时候，他更容易挥霍无度，并最终失去这种他认为对自己而言没有价值的优势——富有。无数有钱人最后沦落到一贫如洗的境地，就是因为他们有钱的时候不加节制，肆意挥霍，花钱只是为了获得瞬间的解脱，从而逃离压迫他们的无聊感。

6 贫穷的人也有优势

如果一个人的人生目标是在仕途上获得成功，那就另当别论了。

为了往上攀爬，我们首先必须赢得他人的支持，建立人脉，然后在他人的帮助下逐步晋升，直到登上权力的顶峰。倘若一个人真怀有这样的抱负，贫寒的出身对他而言是更有利的。一个人没有显赫的家世背景，但具备一定的才能，那么贫穷反倒成了他的优势，有助于得到别人的提携。这是因为，在日常的交往中，人们最喜欢做的事情就是发现别人不如自己而获得优越感——这在政治生活中是多么常见的事情！

一个真正的穷光蛋，认为自己在方方面面都比别人低一等，完全处于劣势，并对此深信不疑，也只有这样，他才会甘愿做一颗螺丝钉，为政治机器效力。只有他愿意无条件地服从一切，必要的时候没有任何顾忌地阿谀逢迎、卑躬屈膝；只有他忍受一切并一笑置之；只有他知道美德是完全没有价值的；也只有他在和上司或任何极有影响力的人交谈时，会用最洪亮的声音和最夸张的词语来奉承对方——哪怕那些人只是随便涂写几笔，他也会称赞一番，奉为杰作。

这样的人，从年少时起，就知道如何讨好别人。他仿佛一个大祭司，通晓某些不为人知的真理——如歌德所说：

任何人都不要抱怨卑鄙，
因为在这世上只有卑鄙才是威力无比的。

抱怨目标低是没有用的，因为不管人们怎么说，它们统治着世界。

另一方面，那些出身富贵家庭的人，通常都具备独立的思想，习惯于昂起自己高傲的头颅，他们还没有学会阿谀奉承的处世艺术；即便他们拥有某些才能，应该也能意识到，这些才能根本不能与谄媚讨好的招数抗衡。久而久之，他们就会认识到那些爬到他们头上的人是多么平庸与卑劣，如果遭到那样的人侮辱，他们就会变得倔强、羞愤。显而易见，这样的生存法则不适用于这个世界。最后，他们会赞同伏尔泰的观点："我们的时日本就不多，不值得浪费时间去迎合卑鄙的流氓！"哎！让我来说一句吧，在这个世界上，"卑鄙的流氓"肯定不在少数。

正如尤维纳利斯[①]所说："如果才华被贫穷淹没，你很难大展身手。"比起政治和社会野心，这句话更适用于文学和艺术领域。

在这一章，我没有谈到妻子和孩子，这是因为与其说一个人拥有妻子和孩子，还不如说他为妻儿所拥有。把朋友划入"人拥有的身外之物"更合适，不过这个说法是相互的，既可以说这个人属于朋友，也可以说朋友属于他。

[①] 尤维纳利斯，古罗马讽刺诗人。

Chapter 4
第四章

表象：
你在他人眼中的样子

1 别沦为他人看法的奴隶

人类天性普遍有一个弱点，那就是过于看重自己在他人眼中的形象和别人对自己的评价。其实稍加思考就能发现，不管别人对我们有什么意见或看法，与我们是否幸福都无关。因此，每当一个人听到别人对自己的评价很好，或者说了一些满足自己虚荣心的奉承话时，我们会感到很高兴，其中的缘由实在难以解释。

如果你抚摸一只猫咪，它会满足地发出"咕噜咕噜"的声音；如果你夸奖别人，对方的脸上也会流露出愉快的表情——只要你称赞的事情是他引以为傲的，那么即便这称赞不是发自内心的，他也会乐于接受。

当一个人面对不幸的遭遇或缺乏前文讨论的幸福的两种来源时，只要有人为他鼓掌，他就可以从中获得安慰，变得振奋起来。与此相反，如果一个人因为任何贬低他的言行或轻视而感到自尊心受到了伤害，且不论伤害的性质、程度或情况如何，他都会感到恼怒，有时还会感到十分痛苦。由此可见，他人的看法对一个人的影响有多大，这实在是令人感到惊讶。

如果名誉感建立在人性的特性上，那么它可能会对许多人产生非常有益的影响。但是对人生的幸福而言，名誉感作为道德的替代品，会影响内心的平静和独立，这是有害的，而不是有益的。

因此，从这个角度来看，我建议大家应该限制人性的弱点，正确地评估他人的评价对自己的价值，不要对其过于敏感；不管他人对我们的评价是高是低，是中肯还是吹捧，抑或是贬损，我们都应该淡然处之、宠辱不惊。如果不这样做的话，你就会沦为他人看法的奴隶，就如贺拉斯所说，"想要扰乱一个贪恋赞美的人的心绪，太容易了"。

因此，如果我们能够正确地评估"一个人自己本身的价值"和"他在别人眼中的价值"，这非常有助于我们获得幸福。这里说的"一个人自己本身的价值"，包括了前面"如何看待自我"和"人拥有的身外之物"这两章中讨论的所有内容，而这一切都发生在我们的个人意识中。

他人对我们的看法，换一种说法，即我们在他人眼中的样子是什么样的，这发生在他人的意识中，而非我们的意识中。①这些看法是我们在他人眼中的形象以及由此激发的想法。它们并不会直接且即时地影响我们,只能间接而缓慢地对我们发挥作用。也就是说,只有当他人的行为能够促使我们改变对自己的看法时,才可以说是对我们有影响的。

除此之外,他人意识中发生的事情,即他人的看法,就其本身而言,对我们来说是无关紧要的:当我们发现大多数人的观点是多么肤浅,思想是多么狭隘,态度是多么卑鄙,性情是多么反常,见解是多么离谱时,我们也就会对他人的看法漠不关心了;而且,我们也可以从经验中有所领悟,当一个人不再害怕对方,或者认为自己说的话不会传到对方的耳朵里时,就会对对方做出刻薄的评价。如果我们有机会看到和听到,那些愚蠢的人是怎么贬低最伟大的人物的,我们就会明白,把他人的看法或评价看得过于重要,那实在是太抬举他们了!

---

① 上流社会的人可以这样说:我们的幸福与我们无关,只存在于别人的脑袋里。——作者注

2 过于看重他人的意见,是人们普遍犯下的错误

如果一个人无法通过前文讨论的自身内在和拥有的外在财富获得幸福,而不得不从别人对自己的看法中来寻找幸福,换句话说,他无法从自己的自我,而是从自己在他人头脑中的表象来获得满足,那真是太不幸了。

归根结底,我们人类天性的基础,也就是我们幸福的基础,是身体健康,其次是保持独立和自由的能力。这些本质因素之间不存在孰先孰后,都是不可取代的。至于名誉、权势、社会地位和名声,不论我们如何高估它们的价值,它们都没有办法与那些本质因素相提并论。没有人会因为名誉、权势、地位等牺牲本质因素带来的好处,除非是万不得已的时候。

我们应该及时认识到这样一个简单的事实,即每个人寄居于自身的皮囊之中,而并非生活在他人的看法之中;因此,对于我们的幸福来说,个人生活的实际情况,如健康、性情、能力、收入、妻子、孩子、朋友、居住环境,比别人如何看待我们要重要百倍——如果没有认识到这一点,我们就会生活得十分痛苦。

倘若有人坚持认为,名誉比生命本身更宝贵,那么他们

真正的意思是,与他人的看法相比,生存和幸福是无足轻重的。当然,这可能只是一种比较夸张的说法,其揭露的是一个十分简单的真理,即如果我们想在这个世界上安身立命、有所建树的话,他人对我们的看法是不可或缺的;关于这一点,我之后再作进一步探讨。

我们会发现,人们倾尽全力地奋斗,不惜历经千辛万苦,最终无非是为了提升自己在他人心目中的地位,让他人刮目相看罢了。人们不光追求地位、头衔、名誉,还追求财富,甚至包括知识[①]和艺术,一切努力的目标,都是为了获得他人对自己更多的尊重——这岂不是正好可悲地证明了人类的愚蠢可以达到何种离谱的程度吗?

过于看重他人的意见和看法,这是人类普遍容易犯的错误。这个错误可能根植于人类的天性,也可能是文明和社会发展的结果。但是,不论这个错误的根源是什么,它都对我们的行为造成了极大的影响,也非常不利于我们获得幸福。

对于"看重他人的意见"这种行为,我们可以视为怯弱和奴性的体现,它会诱使许多人为了名誉而不惜牺牲安宁、财富、健康,乃至生命。这方面的极端案例就是维吉尼尔斯[②],他为了维护女儿的贞洁,将匕首插入女儿的心脏。

---

① 知识是无用的,除非别人知道你拥有它。——作者注
② 出自《坎特伯雷故事集》中《医生的故事》一文。

3 所谓虚荣，是贪婪的另一种表现

毋庸置疑，如果一个人太在意他人的看法，那么对于企图控制或统治他们的人来说，这反倒提供了非常便利的工具。我们发现，在各种训练人的手段中，维持和加强这种名誉感都占据十分重要的位置。但对于人类的幸福来说，名誉感则完全是另外一回事。我们在这节就要讨论这个问题。

在这里，我要郑重地提醒人们，不要太在意他人对自己的看法。日常的生活经验告诉我们，将别人的想法视为重中之重，这是大多数人长期以来犯的一个错误；比起自己头脑里的想法，即最直接且即时地影响自己的事，是他们更关心别人如何看待自己。

这样的人颠倒自然的秩序——错把他人的看法当作真实的存在，却把自己的意识当作模糊的阴影；把衍生品和次要的东西当成了主要的，并认为他们向世人展现的形象比他们自己本身更为重要。

像他们这样，试图从并非直接存在的事物中获得直接且即时的结果，就会陷入一种被称为"虚荣"的状态中，可以说，这种做法愚蠢至极——"虚荣"这个名词意味着没有切实的内涵和内在的价值，既虚幻又空洞。如果一个人虚荣，那么他就会像守财奴一样，为了追求金钱而不择手段，却常常忘记自己追求金钱的目的。从本质上来说,这样的虚荣,与贪婪并无二致。

事实上,我们对他人看法的在意,以及我们为了获得他人赞许而做出的不懈努力,都与我们期望的结果不一致;因此,这种对他人态度的关注可以被视为一种人类普遍的、与生俱来的狂热,每个人都继承了这种狂热。

我们无论做什么事情,几乎首先想到的就是"别人会说什么";在我们的生活中,近半数的烦恼和困扰来源于这种焦虑的情绪;这种焦虑也恰恰是脆弱的自尊心、虚荣以及自负的根源。

我们所有的虚荣和自负,以及所有的炫耀和狂妄,都源于对他人言论的在意。如果我们不再过分关注他人的看法,那些浮躁的情绪大部分都会消失。

各种各样的骄傲,不论是什么类别和范围的,如果都建立在他人对我们的看法之上,这往往需要付出多大的代价啊!

自孩童时代开始,我们对名誉感的追求就初露端倪;之后,它还会出现在青年、壮年等人生的各个阶段。到了老年,对名誉感的追求尤为强烈;这是因为随着感官享乐能力的衰弱,虚荣和骄傲便占据上风,贪婪地占据了统治权。

4 焦虑情绪,源于在意他人的评价

为了说明对他人看法的极度在意是有悖常理的,我在这里要特别举一个例子。我在 1846 年 3 月 31 日的《泰晤士报》上读到一篇文章,它描述了这样一个案件:托马斯·维克斯是一名学徒,出于报复,他杀死了自己的师傅。这个案例的背景和人物都不同寻常,让我们对深植于人性中的愚蠢行为有了一个鲜明的印象,并且让我们从中了解到,"在意他人看法"的愚昧天性到底能发展到怎样的程度。

以下文字摘自那篇文章:

执行死刑的那天,牧师一大早就来了,准备聆听维克斯的忏悔。但是维克斯却表现得十分平静,对牧师的到来毫不在意;似乎唯一让他感到焦虑不安的,就是临死前要在围观的群众面前表现得"勇敢一点"。在游行的队伍中,维克斯敏捷地走到他该去的地方(指断头台);他仿佛走进了教堂的院子,用周围人都能听见的音量,大声说道:"现在,正如多德博士所说,我很快就要知道那个伟大的秘密了!"这个可怜的家伙走到绞刑架前,没有让任何人搀扶,自己爬了上去。当他走上绞刑架的梯子时,还向围观的群众鞠了一躬，引得台下那些看客们爆发出雷鸣般的欢呼声。

这真是个"沽名钓誉"的绝佳案例。当一个人面临最可怕的死亡时，最在意的竟然是自己在周围看客眼中的形象，以及自己死后会给他们留下什么印象。至于其他的，他则毫不关心。

在 1846 年，还发生了一起类似的案例：勒孔特刺杀国王未遂，在法兰克福被以弑君罪处死。审判的时候，勒孔特因为自己不被允许穿着体面的衣服出现在上议院，而显得十分恼怒；行刑那天，他更是因为没有被获准刮胡子而感到痛苦不堪。

这类事情不只是发生在现代社会。马特奥·阿莱曼[①]在他著名的小说《古斯曼·德·阿尔法拉切》的引言中告诉我们：许多昏头昏脑的罪犯，并没有像他们应该做的那样，将生命最后的时光用来好好忏悔，拯救自己的灵魂，而是费尽心思地准备在断头台上发表的感言。

为了佐证我的观点，我在这里引用了这些极端的案例，是因为它们淋漓尽致地将人类的天性展现出来。也许在大多

[①] 马特奥·阿莱曼，西班牙小说家和卓越的文体学家。

数情况下，我们的焦虑、忧愁、困扰、迷惑、不安以及操劳，都是因为在意别人会说什么；在这方面，我们和那些可怜的罪犯一样愚蠢。嫉妒和憎恨也往往因此而产生。

5 虚荣越少，幸福越多

现在，事实摆在我们面前，幸福主要依赖于思想的平和与内心的满足。如果我们能够将人类天性的冲动控制在一个合理的范围——哪怕是将其减少到现在的五十分之一，幸福感也会增强很多。如果这样做的话，我们就可以拔掉那根扎在肉里隐隐作痛的刺。不过，真正去做的时候也不是那么容易的，会面临很大的困难，因为我们所讨论的这种冲动毕竟与人类与生俱来的乖张天性有关。

塔西佗[1]说："即使是智者，也很难摆脱追求名利的欲望。"[2]要想杜绝人类普遍的愚蠢行径，唯一的办法就是清楚地认识到这种行径是愚蠢的。要做到这一点，必须先承认一个事实：人们脑子里的观念往往是错误的、反常的、执拗的

---

[1] 塔西佗，古罗马伟大的历史学家。
[2] 出自希罗多德《历史》，第四卷，第六节。——作者注

和荒谬的，因此这些观念本身并不值得我们去关注它们。在生活中，大多数环境和情况下，他人的想法对我们很少能够产生真实而积极的影响。甚至可以说，这种不必要的关注是非常不利的，常常使人一听到任何别人说的关于他的看法，哪怕只是了解到别人说起他时的语气，就会十分担心。

最后，我们要知道的是，名誉本身并没有真正直接的价值，而只有间接的价值。**如果每个人都可以成功摒弃追求名誉这一普遍的愚蠢行径，那么这将对获得思想的平和和愉悦会产生极大的助益——人们在面对世界时会更坚定、更自信，言谈和举止将会少一些尴尬和克制，显得更加真实和自然。**

说到这里，我们就会发现，隐居的生活方式对我们保持思想的平和非常有益。这是因为，当我们隐居的时候，不必总是活在别人的目光中，不必关注别人对我们产生的这样或者那样的看法；用一句话来概括就是，我们恢复了真实的自我。同时，隐居的时候，我们还可以避免许多真正的不幸，不会因为别人无可救药的愚蠢行径而被带着误入歧途。如此一来，我们才能更多地关注真正的现实，享受现实的生活，不受到任何干扰。

不过，正如一句希腊俗语所说的，"好事多磨"——值得做的事常常并不容易做到。

6　虚荣使人健谈，骄傲使人沉默

我们所讨论的根植于人类天性中的愚蠢，生发了三种倾向：野心、虚荣和骄傲。

虚荣和骄傲的区别在于：骄傲是对自己拥有某些特定方面的突出价值而无比坚定；虚荣则是渴望让别人相信自己拥有某些方面的价值，通常伴随这样一个隐秘的希望——通过让别人相信这一点，进而使自己最终也信以为真。

骄傲源自内心，是一种直接的自我欣赏；虚荣则是一种对外界产生的欲望，渴望从外界间接地获得这种自我欣赏。

因此，我们可以发现，虚荣的人常常夸夸其谈，而骄傲的人则大多沉默寡言。不过，虚荣的人既然一心想得到别人的好感和认可，那么就应该意识到，就算自己有很好的谈资，但也许适当保持沉默比聒噪更容易达到目的。

不是任何人想骄傲就能真正做到的，普通人只能装装样子罢了，并且很快就会放弃扮演骄傲的角色，恢复自己本来的样子。只有当一个人坚定不移地相信自己拥有无与伦比的价值的时候，才会真正产生骄傲的感觉。当然，他的这个信念很有可能是个误会，或者是基于一些外在的、偶然的优点而建立起来的；但是只要他真正相信自己拥有这些优点和价值，就会感到骄傲。根植于信念中的骄傲，就像其他所有形式的知识一样，不受我们主观意识的支配。

骄傲最大的敌人——我的意思是指最大的障碍——就是虚荣。虚荣是为了得到他人的赞许，并在这个基础上获得对自我价值的肯定；骄傲则建立在对自己价值深信不疑的基础上。

7 谦虚是美德，这不过是愚人的托词

可以肯定的是，骄傲一般会遭到他人的抨击和指责；不过我认为，通常抨击和指责别人的，是那些没什么可骄傲的人。

鉴于大多数人的厚颜无耻和胆大妄为，但凡拥有任何一种优势或优点的人，如果他不希望自己的优势或优点被遗忘，那么就应该将其牢记于心；如果一个人心地善良，隐藏自己的优势或优点与其他人交往，那么这些人肯定会真心且坦率地把他当成是和自己同一级别的人来对待。

在这里，我要特别给那些最具优越感的人一个忠告：在**我看来，真正的优越感，是一种纯粹的个人天性；它不像勋章和头衔那样，时时刻刻吸引人们的注意**。要知道，过分低

调反而容易招致别人的轻视，就像罗马人过去常说的，"愚人反过来教导智慧女神"。

有一句阿拉伯谚语说得很妙，"跟一个低贱的人开玩笑，他很快就会蹬鼻子上脸"；伟大的贺拉斯也教导我们，"你本该骄傲的，就必须接受"。

毫无疑问，当谦虚成为"美德"时，这对愚人来说是一件非常有利的事情——如果谦虚是美德，那么每个人在谈论自己时，岂不都得把自己说成是个傻瓜才行？这实际上是把所有人拉到同一条水平线上，这样一来，世界上好像除了傻瓜就没有其他人了。

最廉价的骄傲就是民族自豪感。为什么这么说呢？如果一个人声称为自己的国家感到骄傲，那只能说明他自己本身并没有什么值得骄傲的品质，否则也不至于抓住那些他和千百万人共有的东西而引以为荣。

一个品质出众的人，更容易清楚地看到自己的国家或民族在哪些方面是不足的，因为这些缺陷会随时暴露在他的眼前。但是一个可怜的傻瓜呢？他自身没有什么值得骄傲的，就只能把自己的国家或民族当作依靠，民族自豪感成了他最后的选择。他随时准备为自己国家或民族的缺点和错误进行辩护，从而为自己的自卑找到庇护所，弥补自己缺失的骄傲。

举个例子，如果你用一种理所应当的轻蔑口吻，谈论英国人的愚蠢和偏见时，你会发现，五十个英国人里很难找出一个人来赞同你的说法；即便有一个人赞同你，那只能说明他刚好是一个聪明人。

德国人没有民族自豪感，正如大家都知道的，这说明他们是一个多么诚实的民族！但是，也有一些滑稽可笑的人——主要是那些"德意志兄弟"和煽动者们，他们假意宣称为德国感到骄傲，奉承、恭维民众，其实是为了误导民众，把民众引入歧途。这是多么虚伪！他们中甚至有人声称是德国人发明了火药，对此我表示怀疑。

利希滕贝格[①]曾提出一个问题："为什么没几个人去冒充德国人？如果要冒充的话，一般人似乎更喜欢冒充法国人或英国人。这是为什么呢？"

无论如何，个性比民族性重要得多，在任何情况下，一个有个性的人值得得到成千上万倍的重视。既然一提到民族性就不可避免地要提到广大的人民群众，那么就根本不可能做到在大声赞扬的同时还保持诚实。

在每个国家中，人类那些卑劣、反常和乖张等，集中以某种特定的形式表现出来，这就是所谓的"民族性"。如果我们对一个民族的民族性感到厌烦，就会转而赞扬另一个民

---

① 利希滕贝格，德国启蒙学者，杰出的思想家、讽刺作家、政论家、物理学家。

族的民族性，直到我们再一次感到厌烦并再转移到下一个目标。如此循环往复，每个民族都会嘲笑其他的民族，大家不过是五十步笑百步罢了。

8 地位是虚假的尊敬

正如我所说的，这一章讨论的是我们在这个世界上的表象，也可以说是我们在他人眼中的样子。整体来说，这一章的内容可以分为三个部分：名誉、地位和名声。我们先来看地位。

尽管在大众的眼中，地位有很重要的作用，是国家机器中最重要的齿轮，不过，我只用几句话就可以把它说清楚。

地位具有一种纯粹的世俗价值。严格地说，这是一个谎言。地位要求的是一种虚假的尊敬，事实上，它是一场彻头彻尾的闹剧。

可以这样说，勋章相当于汇票，可以支取大众的看法，衡量其价值依据的是颁发勋章的人的信誉。作为抚恤金的代替品，勋章可以为国家节省一大笔开销。当然，这样做的前提是勋章的颁发是非常严格且公正的；而且，基于这一点，人们还可以将勋章用作他途。

每个人都有眼睛和耳朵，可以看见，也能听见，但除此之外，这些器官对于人们来说再没有其他的功能。事实上，大多数人并没有什么判断力，尤其是记忆力很差。

有些人为国家做出了杰出的贡献，但他们的贡献往往超出了常人理解的范围，尽管这些贡献在一段时间内得到了人们的赞赏和喝彩，但是很快就会被人们遗忘。因此我认为，用一枚十字勋章或星形勋章来随时随地提醒大众，"佩戴勋章的这个人跟你不一样，他是为国家做出一些重要贡献和成绩的"，这是很有必要的。

但是，如果勋章的颁发并不公正，或者不经认真的挑选就肆意颁发勋章，导致拥有它的人数量过多时，勋章就失去了价值——君王在为人颁发勋章时，应当像商人在支票上签字那样小心谨慎。

在勋章上刻上"卓越贡献"等表彰功勋的话语无异于画蛇添足，每一枚勋章都是为奖励重要的贡献而颁发的。这一点是毋庸置疑的。

9 名誉的定义

名誉比地位复杂得多,也更难讨论。让我们试着从给它下定义开始吧。

如果我说,名誉是外在的良心,而良心是内在的名誉,毫无疑问,会有很多人赞同这个说法;但是,这样的定义华而不实,抽象且空洞,很难触及问题的根本所在。

相较而言,我更愿意这样理解名誉:从客观的角度来看,名誉是他人对我们价值的看法和评价;从主观的角度来看,名誉就是我们对他人的看法和评价的重视。根据主观的角度,想做一个享有荣誉的人,就要对他人产生有益的影响,但这种影响绝不只是纯粹的道德层面上的。

只要一个人还没有完全堕落,他就会有名誉感和羞耻感,而且格外珍惜自己的名誉。 原因如下:仅凭自己的力量,一个人能够做成的事情是微乎其微的,就像流落荒岛的鲁滨孙一样。唯有置身于社会,与其他人在一起,一个人的才能才会被充分地激发出来,他的力量才能淋漓尽致地发挥出来。随着一个人自我意识的发展,他很快就会发现这一点,心中会产生一种渴望,即被看作是对社会有用的一员,一个有能力履行社会责任的人——有正当的资格享受社会的各种福利。

现在，要成为对社会有用的一员，一个人必须做到两件事情：首先是社会要求每个人都要做好的事情；其次是在自己所处的特定社会地位上必须要做到的事情。

但是，这个人很快就会发现，自己是否对社会有用，并不取决于他是否认为自己有用，而是取决于别人是否认为他有用。所以，人们会尽自己最大的努力给世界留下一个好印象，并认为这才是值得重视的事情。人类这种讨好的心态源自原始的、与生俱来的天性，也就是所谓的名誉感，或者换一种说法——羞耻感。

正是名誉感，让一个人在想到可能会失去别人对自己的好评时而感到羞愧，即使他知道自己是无辜的，即使不是他的错，又或者说他犯的这个错误无关紧要，他依然会羞愧得满脸通红。

相反，在生活中，没有什么比获得或重新确信别人对自己的认可更能增强人们生活的勇气。之所以这样说，是因为别人认可自己，意味着必要的时候他们会提供帮助和保护，这就像是在生活中筑起一座无限强大的堡垒，比一个人单打独斗更能让他鼓起勇气，去对抗生活的不幸。

为了获取他人的信任，一个人可以与他人建立各种各样的关系，如果他人对自己的评价比较好，就会让自己拥有很多不一样的名誉。这些关系主要分为三种：首先，是由对"你""我"的不同态度，而产生的"你""我"之间的关系；

其次，是履行各项承诺的契约关系；最后，是两性之间的关系。

通过以上三种关系，也就相应产生了不同形式的名誉，即公民名誉、公职名誉和两性名誉。

10 公民名誉：无条件地尊重他人的权利

公民名誉的范围是最广泛的。它的存在基于这样一个假设：我们会无条件地尊重他人的权利，绝不使用任何不公正或非法的手段来获取自己想要的东西。这是人与人之间友好相处的先决条件；任何公开地、明显地妨碍人与人之间友好交往的行为，包括必然会受到法律惩罚（假定这个惩罚是公正的）的行为，都对公民名誉有所损害。

之所以会产生名誉，最根本的原因在于人们普遍拥有一个信念：一个人的道德品质是不会改变的。一旦一个人偶尔做出不好的行为，那么就可以断定，在未来同样的境遇下，这个人还会做出同样的错误行为。关于这一点，英语中的"character"（品性）一词做了清晰的解释，这个词的含义包括：信用、口碑和名誉。

种种事实告诉我们，名誉一旦失去，很难再恢复——除非名誉的丢失是因为某些误会而造成的，譬如这个人是被诽谤的，或者说人们误解了他的行为而做出了错误的判断。正因为如此，禁止诽谤、诋毁他人或是侮辱他人人格的法律规定才得以产生。各种污蔑性的谩骂都是毫无根据的、草率的诽谤。在这里，有一句希腊谚语很好地表达了我想说的意思：谩骂就是随意的诽谤。

的确，如果一个人谩骂另一个人，只能表明他并不能给出真正的理由来抱怨对方；否则的话，他在抱怨之前就会先列出那些理由，然后让听众来判断到底谁对谁错。可是事实上，他省略了那些理由，直接用谩骂的方式指明结论，并且相信听众会认为他这样做只是图简便而已。

公民名誉中的"公民"主要指中产阶级，但是这个概念对于所有人来说都是平等的，甚至包括处于金字塔顶端的最高阶层。任何人都不能忽视"公民名誉"这一概念，它是非常严肃的，每个人都应当小心对待，不要轻视它。

如果一个人辜负了别人的信任，那么就意味着他永远失去了别人对他的信任，不管他再做什么，也不管他是谁，丧失诚信的苦果是无法避免的，他只能自己去面对和接受。

在某种意义上，名誉有一种消极的、负面的特征，与"名声"具有积极的、正面的特征是恰好相反的。这是因为，一个人拥有名誉，并不意味着别人认为他拥有某种特殊的品质，而是认为他不缺少某种人人都应该具备的品质。也就是说，一个人有名誉，只能说明他不是例外，和别人没有什么不同；而有名声，才表明他是个例外，与其他人都不一样。

名声要靠争取才能得到；名誉则是不能失去的东西，只要保持就可以了。如果一个人没有名声，顶多是默默无闻，没有什么其他的负面影响；但可以肯定的是，如果一个人失去了名誉，那就是一种耻辱。

我们不能把名誉的消极性质和其他任何事物的消极性质相混淆；名誉是超出其他事物之上的，是完全主动的。名誉是唯一一种由个人自身展示的品质，它与这个人做了什么、没做什么有关，和他人的行为或外在的障碍无关。名誉完全是存在于我们自身能力范围内的东西。正是基于这一点，我们才能将真正的名誉和骑士精神等虚假名誉区分开来。

诽谤是唯一可以从外部攻击名誉的武器；而对抗诽谤唯一的办法，就是通过适当的宣传来驳斥它，揭下造谣者的面具，将他们的身份公之于众。

人们之所以尊重老年人，原因在于一个人到了老年的时候，他一生的经历已经足以证明他是否保持了自己的名誉；尽管年轻人也拥有名誉，但他们目前还没有能力证明可以一生都保持名誉是清白的。

无论年龄多大，也无论阅历是否丰富——年龄和阅历都不应该成为年轻人必须向老年人表达敬意的充分理由。因为如果只是年龄的问题，一些低等动物也可以活到一定的年限,甚至有些动物的寿命比人类的更长。所谓的阅历,也不过是对这个世界的运作规则了解得更多而已。

在这个世界上,不管什么地方,都要求年轻人给予老年人更多的尊重。随着年龄的增长,老年人的身体往往比较虚弱。与其说老年人需要尊重,不如说他们需要照顾。可是,一个值得注意的事实是:花白的头发往往能赢得人们的崇敬——一种与生俱来的、本能的崇敬。皱纹比起花白头发,更能作为"年老"的标志,却不会引起人们的敬意。你肯定没有听人说过"令人肃然起敬的皱纹",但是应该听说过"令人肃然起敬的白发"。

名誉的价值是间接的。正如我在这一章开头所解释的那样,如果他人对我们的看法对我们产生了影响的话,那也只限于影响他们对我们的行为,并且只发生在我们与他人一起生活或共事的时候。

但是,在一个文明的国家,我们的生命和财产安全都有赖于社会秩序,我们无论做什么事情,都需要他人的帮助。相反,他人也必须信任我们,这样才愿意与我们打交道。因此,从某种间接的意义上来看,他人对我们的看法是非常重要的;尽管在我看来,他人的看法并不一定有直接或间接的价值。

西塞罗与我持有相同的观点。他曾写过一段话,我非常赞同。西塞罗是这样写的:

正如克利西波斯和第欧根尼常说的,"倘若美名毫无用处,那就根本不值得我们费力去追求"。

爱尔维修也在他的经典著作《论精神》中详尽地论述了这个真理,他的结论是:

我们乐于受人尊重,并不是因为"尊重"本身,而仅仅是因为受人尊重所带来的好处。

手段不可能比结果更重要,因此可以说,"名誉高于生命"这句话言过其实了。好了,关于公民名誉,就谈到这里。

11 公职名誉:职位越高,名誉越高

人们普遍认为,公职名誉是指担任任何公职的人应当具备的履行与职位相关职责所必需的所有素质。

在一个国家,一个人承担的职责越大、越重要,他的职位就越高,产生的影响就越大,人们对他的道德品质和智力素质的要求也就越高。因此,可以说一个人的职位越高,名誉也就越高,这体现在他的头衔、获得的勋章,以及其他人

对他毕恭毕敬的态度上。

一般来说，一个人的官衔代表了他应该被授予名誉的等级。不过，由于普通民众在判断官衔的重要性时常常把握不准，这种名誉等级可能或多或少被打了折扣。事实上，那些担任特殊职务的人确实比普通民众享有更高的名誉，对于普通民众来说，远离耻辱就已经是最高的名誉了。

此外，公职名誉还要求担任公职的人必须保持对其职位的尊重，这是为他的同事和继任者着想。怎么做到这一点呢？公职人员必须严格履行自己的职责，坚决抵制并击退任何针对职位本身或个人的攻击，例如，他不能对诸如"公职人员不忠于职守""公职不能为公众带来福祉"等言论听之任之。作为公职人员，他必须拿起法律的武器，证明这种攻击的不合理性，并予以惩罚。

不仅仅是官员，凭借其他身份为国家效力的人，如医生、律师、教师等，都享有公职名誉；哪怕是任何一个从某一学校毕业的学生，也就是被官方认定掌握某种特殊技能并具有相关从业资格的人，都享有公职名誉。一言以蔽之，凡是从事为公众服务工作的人都享有公职名誉。

军人名誉也属于公职名誉，这是一种真正意义上的公职名誉。那些誓死保家卫国的军人们，的确具备这一名誉所必需的品质，特别是勇气、力量和个人意志，他们做好了为国捐躯的准备，在任何情况下都绝不会丢弃自己曾经宣誓效忠的旗帜。

在这里，我所说的公职名誉比常规意义上的定义更广泛。公职名誉的常规定义，也就是普通公民对公职本身的尊重。

12 两性名誉：女性名誉远比男性名誉重要

至于两性名誉及其原则，在我看来，有必要进行更多的观察和剖析。我认为，所有的研究和讨论都会证明我的观点，即所有的名誉实际上都建立在功利主义的基础上。

关于两性名誉，会天然地划分为两种——女性名誉和男性名誉。从男女双方的角度来看，我们可以把两性名誉理解为一种"集体名誉"。**就目前的形势而言，女性名誉更为重要，因为在女性的生活中，她与男性之间的关系是非常重要的一部分。**

人们对女性名誉普遍存在这样的看法：对于尚未出嫁的女子来说，女性名誉就是保持纯洁，不要献身于任何一个男人；对于一个妻子来说，女性名誉则是保持对丈夫的忠贞。这种观点在社会上占据重要的地位，我们可以通过以下分析来理解。

在女性的生活中，一切都依赖于男性；而男性，可以说，他们只在某一件事情上依赖于女性。因此，男性和女性之间形成了一种相互依存的关系——男性承担起满足女性所有需求的责任，包括养育他们结合后生下的孩子，所有女性的福祉都依赖于此。

男性凭借自身生理和智力上的优势，占据了世界上所有最好的资源。因此，为了落实上文所说的男女关系，女性必须联合起来，展现出"集体名誉"，来对抗她们共同的敌人——男性。女性必须团结起来，征服男性，才能分得一点被男性占有的资源。

为了达到这个目的，维系所有女性的名誉，她们必须强制执行这样一条行为准则，即"除了婚姻以外，任何女人绝不能与男人发生性关系"。这样做是为了给男性施压，迫使他们向女性"投降"——与女性结婚。女性只有严格遵守行为准则来行事，才能得到想要的结果。因此，世界各地的女性在维护这一准则方面表现出了真正的"集体名誉"。任何女性，只要破坏这一准则，就相当于背叛整个女性群体，因为如果一个女性这么做，那么整个女性群体的福祉都会遭到破坏。如此一来，违背准则的女性也就失去了她的名誉，将会带着耻辱被驱逐出局——不会再有其他女性和她来往，大家都像躲瘟疫一样对她唯恐避之不及。

破坏婚姻的女性也会受到同样的惩罚。她的错误行为违背了当初与男性达成的约定，会吓到其他男人，导致他们害怕做出婚姻的承诺，这就危及了其他女性同胞的利益。并且，这种欺骗以及违背约定的粗鄙行为，给女性造成的损失是不仅会失去个人的名誉，而且会失去公民的名誉。这就是为什么人们会原谅未婚女子，尽量减少未婚女子的羞耻感，但是对已婚女子却不会这样。未婚女子可以通过结婚来修复名誉；而对于已婚女子来说，即使她成功离婚，并与通奸的男人结婚，也无法挽救自己的名誉。

一旦这种"集体名誉"被认定为女性名誉的基础，并被视为一种有益的、必要的约定，那么人们也会认可其对于保障女性利益的重要性。但是，这种"集体名誉"的价值是相对的，无法超越生命存在的目的，也无法超越生命本身的价值。

这样看来，卢克蕾提亚和维吉尼尔斯[①]的行为没有什么值得称颂的——他们的行为很容易让事情演变成一场悲剧性的闹剧，并引起其他人的反感和厌恶。《爱米丽娅·迦洛蒂》

[①] 卢克蕾提亚是一名罗马贵族少女，她在遭受侮辱后自杀身亡；维吉尼尔斯是古罗马人，他在女儿受辱后，为了让女儿求得解脱，亲手杀死了她。

的结局就是如此,让观众看完离开剧院时感觉非常不自在;然而,另一方面,撇开女性名誉的所有规则,《艾格蒙特》里的克拉拉却得到了人们的同情。

过度强调女性名誉的原则,其实是舍本逐末——人们经常犯这样的错误。过度夸大女性名誉,只能表明两性名誉的价值是绝对的。可事实上,和其他任何类型的名誉相比,两性名誉的价值更具有相对性。

可能有人会说,两性名誉纯粹具有传统意义上的价值,比如我们在托马修斯的著作《论情妇》一书中可以看到:在马丁·路德的宗教改革之前,不正当的男女关系是被所有国家的法律所允许和承认的,而且并不会损害女性名誉——更不用提古巴比伦的米利塔神庙了。[①] 当然,还有一些情况,导致不可能出现婚外恋,特别是在一些信奉天主教的国家,那里是绝不可能发生离婚这种事的。

在我看来,统治者们放弃缔结不对等的贵庶婚姻,这在道德层面显得更为合理——万一有合法王位继承权的人不幸去世,那么贵庶婚姻中的任何后代,无论出身是否低贱,都可借机争夺王位;这样一来就可能引发一场内战,尽管这种可能性很小。

此外,这种无视一切礼节的贵庶婚姻,意味着向女性和

[①] 希罗多德《历史》,第一卷,第一百九十九节。——作者注

神职人员做出妥协——其实对于这两种人，我们更应该小心谨慎地对待，不要轻易地让步，尽量少和他们纠缠。

另外，值得注意的是，在一个国家里，每个男人都可以和自己喜欢的女人结婚，只有一个可怜的人除外，那就是王子。王子属于国家，他的婚姻必须充分考虑国家的利益。尽管如此，王子也是人；而且作为一个男人，他也喜欢追随内心的指引去做事。禁止或试图禁止王子听从自己内心的声音去选择爱，既不公平又不符合道义；当然，前提是王子选择的这个女人不会影响国家的统治。从这个女人的角度来看，她的位置很特殊，不能用常规的两性名誉来约束她；她只是把自己交给了一个爱她的男人，而她也爱这个男人，可是这个男人却不能通过明媒正娶的方式娶她。

一般来说，女性名誉的原则并不是起源于人的天性，这从女性名誉带来的众多血腥的事实中可以看出，如婴儿惨遭杀害或是母亲自尽，都在表明这个事实。毫无疑问，违背原则的女性背弃了整个女性群体，但她违背的这个原则是人们心照不宣的、私下默认的，而并不是郑重宣誓定下来的信约。在大多数情况下，这个女性的前途会因此受到最直接的影响，这样看来，与其说她卑鄙，不如说她愚蠢至极。

女性名誉引发相应的男性名誉，也就是男性的"集体名誉"，正是他们的"集体名誉"，要求每一个与女性签订"投降"契约（有利于对方的条约）的男性，切实履行他们在婚姻中的职责，保证契约得以执行，不得使其失去效力。

既然男性为了这桩婚姻放弃了一切，那么至少要保证他是独自占有这个女人的。因此，在男性名誉的要求下，男性应该对妻子破坏婚姻的行为感到愤慨，并至少可以通过分手的方式惩罚妻子。如果这个男性容忍了妻子的背叛，那么他将遭到整个男性群体的嘲笑和唾弃。但是，这种耻辱远不如女性丧失名誉那么严重；对男性来说，这样的耻辱并非不堪忍受的，只不过是一个小小的瑕疵罢了——与女性的关系并不是男性生活中最主要的，他还有许多更重要的社会关系。

两位伟大的现代戏剧诗人——莎士比亚和卡尔德隆，都曾将男性名誉作为作品的主题：莎士比亚的《奥赛罗》和《冬天的故事》，卡尔德隆的《医生的名誉》和《以牙还牙》。应该说，男性名誉要求的只是惩罚他的妻子；如果惩罚妻子的情人，那就是另外的事情了。这一点证实了我先前的观点，即男性名誉源自男性的"集体名誉"。

13 骑士名誉：少部分人的名誉

到目前为止，我所讨论的具备各种形式和原则的名誉，在各个时代的各个国家都存在；其中，纵观女性荣誉的历史，我们可以发现，在不同的时期，其原则在不同的地域做了相应的调整。

除了上面介绍的名誉之外，还有一种名誉，它与其他名誉完全不同；关于这种名誉，希腊人和罗马人没有丝毫概念，甚至中国人、印度人或伊斯兰教徒们也一无所知。

这种名誉只在中世纪出现过，流行于信奉基督教的欧洲，更确切地说，它只存在于少部分人群中；也就是说，只有上层社会或是攀附他们的人群才有这种名誉。这种名誉就是骑士名誉。

骑士名誉的原则与我所说过的任何一种名誉的原则都不同，在某些方面，甚至是完全相反的。骑士名誉培养的是骑士，而其他名誉培养的是有荣誉感的人。为了更好地说明骑士风度，我接下来将分别列举并解释骑士名誉的原则。

（1）骑士名誉并不取决于他人对我们价值的看法，而完全取决于他人是否将自己的看法表达出来。

不论他人对我们有什么看法，都无关紧要，更不用在意这些看法是否有理有据。他人可能会因为我们的所作所为而产生不好的看法，或是从心里鄙视我们；但只要他人没有将这些看法或鄙视的心理表达出来，我们的骑士名誉依然完好，不会受到任何损害。

反过来说，如果我们的行为和品质迫使他人给予我们最高程度的尊重（他人别无选择，只能给予这种尊重），一旦有人公然贬低我们，不管这个人是多么邪恶或愚蠢，我们的骑士名誉都会遭到破坏；而且如果我们不及时补救修复，那么就永远地失去了这种名誉。

骑士名誉不取决于人们怎么想，而是取决于人们怎么说。对此，最明显的证据就是，他人在必要的时候可以通过道歉收回先前的辱骂，就好像他们从来没有说过这些话一样。至于他们的看法是否被纠正了，以及他们当初为什么要公然侮辱人，这些问题都不重要；只要他们收回了之前说的话，这件事就算结束了。所以，事实上，骑士名誉不是通过当之无愧地赢取他人的尊重而获得的，而是通过勒索、恐吓等方式强求而来的。

（2）骑士名誉不是取决于一个人做了什么，而是取决于别人对他做了什么，也就是他遭受了什么、遇到了什么障碍。

这一点与我们之前讨论的其他名誉不同，其他名誉都取决于我们说了什么或是做了什么，而骑士名誉却恰恰相反——其他任何人说了什么或做了什么，都有可能摧毁这份名誉。

骑士名誉是受他人掌控的。只要他人无事生非、说长道短，顷刻间，骑士名誉就会土崩瓦解——除非被攻击的人设法通过我即将讲到的一种方法重新夺回名誉，但这种做法可能会给他的生命、健康、自由、财产和内心的平静带来风险。

即使一个人的所有行为都符合最正义和最高尚的原则，即使他拥有世界上最纯净的心灵，即使他拥有最高水平的智力，一旦有人攻击他、侮辱他，他的骑士名誉就会消失，无论这个攻击者自己是否有骑士名誉，就算他是一个毫无价值的流氓或是愚蠢的老顽固，哪怕是一个游手好闲的懒汉、赌徒、欠债者。总之，一个无足轻重的人——只要他公然侮辱我们，就会让我们身败名裂。

在大多数情况下，正是那些无耻之徒喜欢侮辱别人。正如塞涅卡所说："越是卑鄙可笑的人，越喜欢搬弄是非。"[①] 这种人最容易被我刚才所描述的高尚的人激怒并出言不逊，因为物以类聚、人以群分，爱好大相径庭的人是不可能成为朋友的。当无耻之徒看到别人卓越的贡献时，很容易产生怨恨。歌德也认为，抱怨敌人是没有用的，因为敌人永远不会成为你的朋友，他的这一观点在《西东合集》里有所体现：

为什么要抱怨你的敌人？
难道他们会和你成为朋友吗？
你的存在本身，
对他们来说就是永恒的无声的羞辱。

---

① 《论贤哲的坚强》，第十一节。——作者注

很显然，无耻之徒们应该好好感谢骑士名誉的这种原则，因为它的存在，使得他们与卓越的人处于同一水平线上。

如果一个人喜欢侮辱他人，譬如攻击别人有某种不好的品质，那么这样的诋毁就会暂时被认定为客观真实的评判，甚至可以被视为一项具备法律效力的法令；如果被攻击的人没有立刻予以还击，用鲜血抹去污名，那么这种诋毁的言论将永远是真实有效的。换句话说，在所有有名誉的体面的人眼中，即便这个攻击者是世界上最可恶的人，但如果被攻击的人容忍了侮辱，不予以反击，那么他就是攻击者口中所说的样子。由此，所有有名誉的体面的人都会与被攻击的人断绝来往，把他当作麻风病患者来对待，拒绝与他在任何场合碰面，等等。

我认为，"决斗"这种现象的源头可以追溯到中世纪。一直到15世纪，在任何刑事诉讼的程序中，需要举证的不是原告，而是被告，被告要拿出证据证明自己是清白的。[①]身为被告，他可以发誓说自己是无罪的；他的支持者也必须站出来担保他不会说谎。如果被告找不到人来为自己担保，或是原告对被告的担保者提出异议，那么只能通过"上帝的

[①] 参见冯·威希特尔的《德国史论》，关于刑法的部分。——作者注

审判"来解决——这通常意味着一场决斗。被告现在已经颜面扫地，他必须为自己洗清罪名。可以看出来，这就是"耻辱"这个概念的源头。时至今日，这样的解决方式依然盛行于所谓"名誉之士"中间，只是省略了发誓这个环节。这也很好地解释了，为什么体面的人面对谎言时会表现得十分愤慨，因为他们认为说谎是一种耻辱，必须用鲜血来雪耻。

尽管说谎司空见惯，却很少见到因为谎言而决斗的。不过在英国，决斗已经成了一种根深蒂固的迷信行为。按照规矩，一个人如果因为另一个人说谎就威胁要杀死他，那么他自己就应该做到从来不说谎。

事实上，中世纪的刑事审判形式更简洁。面对原告的指控，被告只需要回应一句"那是谎话"，剩下的就交给"上帝的审判"来裁决。因此，骑士名誉的原则就是：当有人说谎的时候，诉诸武力是理所当然的。

关于言语上的侮辱，我们就先讲到这里。还有比言语侮辱更糟糕的事情，它是如此可怕，以至于我在提到它的时候必须诚挚地请求所有"有名誉的体面人"的谅解。我知道，光是想到这件事，这些有名誉的体面人都会气得瑟瑟发抖、怒发冲冠——它简直是世界上最邪恶的事，比死亡和下地狱更可怕。

我说的这件事情就是：一个人可能会出手，给另一个人一巴掌或是一拳——这太可怕了！这对骑士名誉几乎是致命的。如果说其他形式的侮辱还可以通过流血事件来一雪前耻，那么在这种情况下，只能通过置对方于死地来恢复名誉。

（3）骑士名誉与一个人的自我和自我价值无关，跟他的道德品质是否会变得更好或更坏等问题也无关。

如果你的名誉遭到了玷污，或是已经丧失了，只要你反应够快，迅速采取决斗的方法进行补救，那么名誉很快就能完全恢复。但是，如果攻击者并不认可骑士名誉的原则，或者他自己曾经违背过骑士名誉的原则，那么，无论对方是出手打伤你，还是用言语辱骂你，都可以采取一个更安全、妥当的方式来回应——如果你手上有现成的武器，那么你就可以在被冒犯的当下立刻击倒对方，或者是一小时以后再打倒他。这样做可以让你挽回名誉。

但是，如果你害怕这种极端的方式会产生任何不良的后果，或是不确定攻击者是否会遵守骑士名誉的原则，那么还有一个更好的方法来挽回名誉，那就是以牙还牙，以更粗暴的方式还击。如果辱骂他没用，那么就揍他一顿，这是挽救名誉的终极方法。举个例子，对方打了你一记耳光，那你就打他一棍子；如果对方用棍子打了你，那么你就用马鞭抽他；而如果对方用的是鞭子，那么会有人建议你，朝对手吐口水。如果所有这些方法都没用的话，那就得见血了，这是你不能逃避的。

之所以要用上述这些方法来一雪前耻，是基于以下这些骑士名誉的原则。

（4）受人侮辱是可耻的，侮辱他人是光荣的。

举个例子。如果真理、公正和理性都站在对手那一边，那么当我出言侮辱他之后，真理和名誉就抛弃了他，到我这边来了——直到他通过棍棒等武力的方式把它们重新夺回去。注意，是采取武力，而不是靠真理和理性为自己辩白，这些是没用的。因此，就名誉而言，粗野完全可以取代其他任何品质，甚至比其他任何品质都更有价值。最粗野的人是最正确的。

你哪里还需要别的品质呢？不管一个人有多么愚蠢、多么邪恶、多么坏，只要他在名誉的争斗中表现得十分粗野，那么他的所有错误都可以被宽恕，并且变得既合情又合法。

在任何讨论或谈话中，如果有人表现得比我们更有学问、更热爱真理、更明智，理解力也更强——总之展现出更优越的素质和智力水平，那么我们自然会相形见绌；但我们可以侮辱他、攻击他，否定他的优越和我们的浅薄，那样就可以反败为胜，我们会变得比他更优秀。

粗野胜于雄辩，智力在它面前也黯然失色。如果我们的对于根本不屑于我们粗鲁的攻击，不予任何回应，那么我们就是胜利者，名誉归我们所有。真理、知识、思想、智力、智慧，统统都弃械投降，把战场留给全能的粗野。

如果有人针对体面的"荣誉之士""正人君子"的观点表达了不同的见解，或表现得比他们更聪明，这些体面人会立刻恼羞成怒，摆出一副随时准备骑上战马还击的样子；倘若在任何一场争论中，这些体面人不知道怎么回答，就会拿起粗野这件武器——它唾手可得，既实用又有效。这样一来，他们就又成了名誉的主人。由此我们清楚地知道，人们认为骑士名誉的原则可以提升社会的基调，这种想法是对的。

这第四条原则是以下一条原则为根据的，而下一条原则是整个骑士名誉原则的核心和灵魂。

（5）如果人与人之间在名誉问题上产生了分歧，判定是非的最高手段就是诉诸残暴的武力。

严格来说，每一个粗野的行为，都是对人类野蛮本性的一次呼唤，因为这是在宣告：人类的智力和道德觉悟已经无法裁定孰是孰非，必须通过身体力行的较量来解决问题。富兰克林对人类的定义是"会制造工具的动物"，那么人类的身体斗争是由所持有的武器来决定胜负的，并且这个斗争的决定无法撤销，结果也不可能改变。

这就是众所周知的"强权即公理"原则——当然，这一原则就像"愚蠢即智慧"一样具有讽刺意味，骑士的名誉也可以说成是强权的名誉。

（6）最后，正如我们从上文中看到的那样，为了名誉，公民在处理人与人之间的问题上非常小心谨慎，看重承担义务和信守诺言，相比而言，骑士在处理人与人的关系方面展现了最大限度的宽容。

对于骑士来说，只有一种承诺不能违背——以名誉之名说出的话（人们常常说，"以我的名誉作担保"）。这其中还有一层意思，即其他承诺都可以不履行。不仅如此，在逼不得已的情况下，我们甚至可以违背以名誉之名为担保许下的承诺，通过决斗——这一普遍的灵丹妙药，把那些坚持认为我们应该遵守诺言的人打倒，进而挽回名誉。另外，有且仅有一种债务，是我们绝对要及时偿还的，绝对不能拖欠——那就是赌债，也被称为"名誉之债"。至于其他债务，人们可以随意欺瞒，你的骑士名誉也不会受到任何损害。

正直的读者可能立刻就会发现，这样一种奇怪的、野蛮的、荒谬的名誉原则，并不是来源于人类的天性，也不是来源于人类正常的人生观。这种原则的执行范围十分狭隘，只适用于自中世纪以来的欧洲，并且局限于上流阶层、军官、士兵以及他们的追随者。

不仅是希腊人和罗马人对骑士名誉及其原则毫不知情，就连高度文明化的古今亚洲国家也闻所未闻。他们只知道我在这一章开头谈论的那些荣誉，在他们看来，一个人的名誉是由他自己的所作所为来决定的，而不受其他任何人随意发表的看法的影响。他们认为，一个人的言行可能会影响他自己的名誉，但不会影响他人的名誉。对他们来说，一次殴打就是一次殴打——要是马或者驴子踢一脚，有可能伤得更重。在某些特定的环境下，被打可能会使一个人愤怒，并且立刻就想去报复，但这与名誉没有关系。没有人把打人者的行为或是骂人者的话时刻记在心里，也没有人对自己报复对方的要求是否得到满足而耿耿于怀。

就个人的英勇气概和视死如归的气节而言，这些古老民族的人们必然不会比信奉基督教的欧洲人逊色。可以说，希腊人和罗马人是真正的英雄，但是他们并不知道骑士名誉为何物。即便他们有决斗的概念，也绝不会将它与高贵的人联系在一起；对他们来说，"决斗"不过是角斗士、献身于屠杀的奴隶们或者死刑犯们的拼杀，这些人在竞技场上和野兽厮杀，以供看台上的罗马市民获取一点乐趣罢了。随着基督教的传入，这种角斗表演被废除了，取而代之的是决斗，即通过"上帝的审判"来解决人与人之间的纷争。如果说角斗是为了迎合大众对壮观场面的渴望而做出的残酷牺牲，那么决斗则是对现有偏见做出的残酷牺牲——牺牲的不是罪犯、奴隶和囚犯，而是贵族和享有自由的人。

古人性格中有许多特点，表明他们完全没有被任何偏见所影响。例如，当马略[①]被一个日耳曼族的首领下战书时，

[①] 马略，古罗马统帅，政治家、军事家。

他回答说，如果这个首领活得不耐烦了，他可以上吊自尽；与此同时，马略请了一个经验丰富的角斗士，与首领较量了一两个回合。普鲁塔克[①]曾经在一本书中记载，当优利比亚戴斯作为舰队统帅时，曾经举起一根棍子，作势要打特米斯托克利[②]，但是特米斯托克利并没有拔出他的剑，而只是说："你打吧，但是得听我说完。"特米斯托克利被羞辱了，而雅典的军官们并没有拒绝继续为他服务。如果读者是一个信奉骑士名誉的人，读到这个故事时该有多难受啊！

有一个法国当代作家说过，如果有人认为狄摩西尼是一个信奉骑士名誉的人，那么他的愚昧无知将会引来大家同情的微笑；同样，西塞罗也不是一个追求骑士名誉的人！[③]柏拉图在《法律篇》中详细地谈论了"攻击"，向我们清楚地表明，古人面对这类事情时并没有所谓"荣誉感"的概念。

苏格拉底常常和别人辩论，在辩论的过程中，他常常遭到别人的恶意攻击，可是他却泰然处之，表现出了超强的忍耐力。例如，有一次，有个人踢了苏格拉底一脚，他却默默地忍受，使他的朋友都大吃一惊。苏格拉底说："你认为，

[①] 普鲁塔克，罗马帝国时代的希腊作家、哲学家、历史学家，代表作有《希腊罗马名人传》《道德论集》。
[②] 特米斯托克利，古希腊杰出的政治家、军事家。
[③] 出自C.杜朗的《文学之夜》，1828。

如果一头蠢驴踢了我,难道我应当怨恨它吗?"还有一次,有人问他:"那个人不是在羞辱你吗?"苏格拉底答道:"不是,他说的那些话不是针对我的。"①

斯托拜乌在《穆索尼斯》中写下一大段文字,从中我们可以发现,古人是如何对待遭到别人侮辱这件事的。除了诉诸法律之外,他们对于其他的解决方式一无所知,而智者甚至不屑于用法律来解决问题。如果一个希腊人被别人打了一个耳光,他会借助法律来讨回公道——这些内容在柏拉图的《高尔吉亚篇》中有相关记录。在这篇文章中还可以看到苏格拉底对此发表的意见。

在革利乌斯②对一个叫卢西斯·维拉图斯的人的描述中,我们可以看到同样的情形。卢西斯·维拉图斯走在路上,在没有受到任何挑衅的情况下,他见到一个罗马人,并打了那个罗马人一个耳光;为了避免日后有什么纠纷,维拉图斯吩咐一个奴隶拿着一个装有零钱的袋子,当场给那些被他的行为震惊的路人们分发了微不足道的赔偿金。

著名的犬儒派哲学家克拉特斯,他被音乐家尼科德罗莫

---

① 第欧根尼·拉尔修《名哲言行录》,第二卷,第二十一、三十六节。——作者注

② 指奥卢斯·革利乌斯,古罗马帝国的文学家和语法学家,著有《阿提卡之夜》。

斯打了一巴掌，脸都肿了，青一块紫一块的。于是，克拉特斯在自己的额头上贴了个标签，上面写着：尼科德罗莫斯的作品。这样反而让那个笛子演奏家无地自容，因为他居然对一个全雅典人都奉若神明的人施以如此暴行。[1]

锡诺普的第欧根尼在写给密利西配斯的一封信中说，他曾被一个喝醉了的雅典年轻人打了一顿；但是他又补充道，这只是件小事，没什么大不了的。[2]

塞涅卡在他的《论天意》的最后几章中，用很长的篇幅，详细讨论了如何对待他人的侮辱，就是为了证明他自己的观点，即智者根本不会在意他人的侮辱。在第十四章，他写道：

如果一个智者被人打了，他会怎么做？当有人打了加图[3]一个耳光，他是怎么做的呢？他既没有发火，也没有辱骂对方，更没有殴打对方，他只是置之不理。

"好吧，也许你是对的，"你可能会说，"但那些人是有智慧的哲学家啊！"——那你们是什么呢？难道你们是傻瓜

---

[1] 第欧根尼·拉尔修《名哲言行录》，第六卷，第八十九节。——作者注
[2] 第欧根尼·拉尔修《名哲言行录》，第六卷，第三十三节。——作者注
[3] 加图，罗马共和国时期的政治家、演说家，前195年的执政官。

吗？的确如此。

显而易见，古人对于骑士名誉的原则一无所知。正是由于这个简单的原因，他们在处理人类的事务时，总是抱持一种自然的、毫无偏见的态度，也不允许自己受到任何邪恶和可恶的愚蠢行径的影响。对他们而言，脸挨了一拳，只是身体遭到了轻微的损伤，仅此而已；然而，现代人却将这一拳头视为一场大灾难、一出悲剧的主题，例如高乃依[①]的悲剧《熙德》，或是最近德国的一部关于中产阶级生活的喜剧，名叫《环境的力量》——在我看来，应该把名字改成《偏见的力量》才对。如果法国国会议员被打了一耳光，那么这记耳光的声音必定会响彻整个欧洲，闹得沸沸扬扬，尽人皆知。

如果信奉骑士名誉的体面人，看到我上文列举的这些古人对待侮辱的经典事例，大概会很不满意，觉得和他们的想法完全不符。为了对症下药，我推荐他们阅读狄德罗[②]的经典作品《宿命论者雅克和他的主人》中关于德格朗先生的故事，那堪称现代骑士名誉的优秀典范。我确定，那些体面的

[①] 高乃依，十七世纪上半叶法国古典主义悲剧的代表作家，一向被称为法国古典主义戏剧的奠基人。
[②] 狄德罗，法国启蒙思想家、哲学家、戏剧家、作家，百科全书派代表人物。

先生们会从中得到乐趣和启发。

14　骑士名誉的根源

通过上文的介绍，我们可以明显地看出，骑士名誉的原则并非起源于人类自然且本质的天性。它是一种人为的产物，而且其根源也不难寻找。

显然，骑士名誉的存在可以追溯至一个特定的时代，即"拳头胜过脑袋"、人们的思想被骑士精神所束缚的中世纪。在那个时代，人们既祈求全能上帝的眷顾，也甘愿接受他的审判；人们把一切疑难案件都交由神意来定夺，也就是寄希望于上帝的审判；而且几乎无一例外的是，上帝的审判就意味着通过决斗来解决问题——这不仅是骑士贵族们会采用的方式，普通公民也会通过决斗来解决纷争。对此，莎士比亚的《亨利六世》中就有一个很好的例子。①

上帝的审判具体指什么？那就是即使法律判决之后，也可以诉诸武力——这是更高一级的法庭。这意味着身体的力量与活动，也就是我们的动物本性取代了理性，坐上了审判

---

① 《亨利六世》中篇，第二幕，第三场。——作者注

席的位置，判断对错的标准不是一个人的所作所为，而是其面对的对手的实力强弱。事实上，这种标准的底层逻辑和我们当下盛行的骑士名誉的原则是一致的。如果有人对现代决斗的这一真正源头存有疑问，那么我建议他去读米林根的那部优秀作品——《西方决斗史》。

时至今日，你仍然可以找到这种骑士名誉准则的支持者——顺便说一句，他们通常没受过教育，也谈不上有思想。这些人依然把决斗的结果当作是神的裁决；毫无疑问，这种看法是在传统观念的影响下形成的。

不过，撇开根源的问题，我们现在必须清楚地看到，骑士名誉的原则，倾向于通过人身威胁来强行获得人们表面的尊重，而在现实生活中，这种尊重其实很难获得且是多余的。想获取这种尊重，就好比你用手握着温度计，试图证明随着温度的上升，房间的温度也会升高一样。

事实上，问题的关键在于：公民的名誉旨在人与人之间和平地交往，并且在他人眼中，我们是完全值得信任的，因为我们无条件地尊重他们的权利；然而，骑士的名誉却表明我们是令人畏惧的，因为我们决心不惜一切代价维护自己的名誉。

人类的正义并不值得信赖。如果我们生活在一种自然的状态中，每个人都有保护自己的权利，那么骑士名誉所谓的"让自己令人生畏"的原则，从本质上来说并没有什么错。然而在文明社会，国家负责保护我们的人身安全和财产安全，骑士名誉这一原则就没什么用处：它就像"强权即公理"时代遗留下来的城堡和瞭望塔一样，矗立在种满庄稼的田地和熙熙攘攘的马路上，甚至是铁路之间，只是废弃物罢了。

15 聪明的人懂得让步

固守"让自己令人生畏"原则的骑士名誉，只适用于一些人身攻击的小案件——从法律方面来说，这类案件只涉及轻微的惩罚，甚至根本不需要惩罚，因为有些案子只是玩笑性质的小打小闹而已。利用骑士名誉这一原则处理事情，所产生的结果是，强迫人们夸大自己的个人价值（这与人的天性、构造或命运完全不相称），把人的价值提升到神圣而不可侵犯的程度。在遵循骑士名誉原则的人看来，国家对于那些小案件的处罚力度根本不够，需要被冒犯者自己动手——要么让冒犯者付出生命的代价，要么切断冒犯者的一条腿或一只胳膊以示惩罚。很明显，采用这种处理方式的人有极度傲慢的心理，完全忘记了人的本质，还会声称自己绝对不忍受任何攻击或指责。这些执意践行骑士名誉原则的人宣告：

"要是谁胆敢侮辱我、打我,就死定了!"——反倒是他们,应该被驱逐出他的国家。

面对这种鲁莽的傲慢态度,人们习惯采取的权宜之计是:让步。如果两个完全不怕死的人狭路相逢,谁也不肯主动退让,一点点小的分歧就会引发他们对彼此的谩骂,接着互相拳打脚踢,最后总有一方遭到致命的一击。这样看来,跳过中间的步骤,直接诉诸武力,确实更体面。

诉诸武力是有特殊的程序的,并且这些程序已经发展成一套严格而精确的规章制度,这是以最庄严的态度创造出的愚昧的闹剧。

不信奉骑士名誉原则的人中,如果也有两个不怕死的因为某些小事而争论(重要的事情还是要通过法律手段来解决),其中更聪明的那个人肯定会让步;接下来,双方会同意保留各自的意见。事实证明了这一点——看看那些不知道骑士名誉原则的普通大众,他们来自社会的各个阶层,会用正常的方式处理纷争,让纷争顺其自然地得到解决。在这些阶层的人中,杀人事件比在那些信奉骑士名誉原则的人(他们的总数也许不到社会总人口的千分之一)中罕见一百倍——甚至连打架事件也很少发生。

曾有人说,和谐社会的礼仪和风气是以骑士名誉原则为基础的,因为这种原则和它的决斗体系构筑了抵御野蛮行为的堡垒。但是,在雅典、科林斯和罗马,并不需要依靠以妖魔般的骑士名誉为支撑，就形成了良好的，甚至可以说是一流的社会氛围和优雅的、礼貌的礼仪习惯。

16 越珍视自己的价值，面对侮辱时越淡然

诚然，在古代社会，女性并没有像现在这样在社交场合中占据主导的地位，如今人们之间交谈的内容多是轻浮和琐碎的，少了很多古人谈论的严肃话题。这种变化无疑促成了一种倾向，即人们更看重个人的勇气，这在上流社会很明显。

事实上，个人勇气是一种极其次要的美德——只是下等人的显著特征，在这方面，一些低等动物甚至都超过了人类的勇气；否则，你就不会听到人们说"像狮子一样勇敢"这样的话了。

骑士名誉原则不仅为人们在大事上的不诚实和不道德提供了借口，也遮盖了他们在小事上的粗鲁、欠缺考虑和不礼貌。人们常常忽视或默默忍受他人粗鲁的行为，因为没人敢冒着生命危险去纠正他人。

与我的想法吻合的是，恰恰在那些政治和财政记录方面

都欠缺信誉的国家，决斗体系往往受到了推崇，甚至到了血腥狂热的地步。至于这些国家的普通百姓是如何生活的，最好问问那些在这方面有经验的人。长期以来，这样的国家欠缺文化和社交礼仪方面的修养是显而易见的。

所有以骑士名誉为挡箭牌的借口，是不存在真理的。有人说，当你冲一只狗咆哮时，狗也会冲你咆哮；但如果你亲昵地摸一摸狗，它也会对你顺从地摇摇尾巴。人的本性就是，对敌意回应敌意，对任何轻视或仇恨都感到痛苦和恼怒。正如西塞罗所说，"辱骂带来的伤痛深入骨髓，即使有智慧、有价值的人也难以承受"。也许在这个世界上，除了少数信仰某些宗教派别的人以外，没有人可以平静地面对他人的侮辱或殴打。

不过，一般情况下，在面对他人的侮辱或殴打时，当事人除了用相似的言语和行为回击，绝不会要求更多；如果他人指责我们撒谎、愚蠢或懦弱，我们绝不会出于惩罚对方的目的就把对方置于死地。

德国人信奉的"血债要用血偿"古老理论，就是从骑士时代流传下来的令人作呕的迷信。在任何情况下，对侮辱做出回应都是由愤怒导致的，而不是那些骑士精神的拥护者口中所谓的"荣誉和道义"能决定的。实际上，指责的目标越真实，给我们带来的伤害就越大；显而易见，与毫无根据的指控相比，只要别人戳中了我们的软肋——真正的过失，哪怕是一个轻微的暗示，也会给我们造成严重的伤害。

因此，如果一个人确信自己没做过应该受到他人责备的事情，那么他对于他人的指责就会不屑一顾，毕竟自己的行为是正当的。然而，骑士名誉原则却要求我们表现出十分敏感的样子，要对那些我们根本不觉得屈辱的侮辱进行血腥的报复。

如果一个人急于用武力阻止他人说出对自己不利的言语，那只能说明这个人对自我的价值评价不高。如果一个人真正欣赏自己的价值，就会以淡然的态度面对他人的侮辱；即使做不到完全不怨恨，他也会凭着睿智和修养掩藏起愤怒，保持体面。

17 信奉骑士名誉，和迷信没什么不同

如果我们能够摆脱对骑士名誉的迷信，在受到侮辱的时候，就不会再用相似的言语或行为反击来挽回自己的名誉；如果我们能够停止这种错误的想法，即认为用暴力维护自己的名誉是合理的，用拳脚应对自己遭遇的不公正的行为——

如果做到了这些,人们很快就能普遍地接受这样的观念,那就是"面对侮辱和贬低,虽败犹荣"。正如文森佐·蒙蒂[1]所说,"侮辱和谩骂好比教堂里的游行队伍,它们总是要回到最开始出发的原点"。如果人们都能够这样看待侮辱,那就再也不必为了证明自己是正确的而口出恶言了。

然而,不幸的是,如果我们想严肃地看待任何问题,首先必须考虑我们说的话是否在某种程度上得罪了那些狭隘的笨蛋,因为只要我们的言语稍微深刻一点,他们就会感到惊恐和怨恨——这样容易出现一种情况,即有思想、有头脑的人不得不和心胸狭隘且愚蠢的人展开较量。如果这些情况可以彻底消除,那么有思想、有头脑的人就能在社会上占据原本就属于他的主导地位——尽管人们不愿意承认,但是现在这个主导地位被那些只有匹夫之勇的人占据了。倘若真的能发生改变,那么会自然出现的结果是,优秀的人再也没有理由逃离社会。这样就为形成真正氛围良好、有教养的社会铺平道路,如同曾经的雅典、科林斯和罗马一样。假如有人想看看我所说的好的示例,那么我推荐他去读一读色诺芬[2]的《盛宴篇》。

捍卫骑士名誉的最后一个理由无疑是这样的:"要是没

---

[1] 文森佐·蒙蒂,意大利新古典派诗人。
[2] 色诺芬,雅典人,历史学家,苏格拉底的弟子。

有骑士名誉,这个世界岂不是无比喧闹和混乱?每个人都可以随便动粗——这太可怕了!"

对此,我简单地回应一下。在1000个人之中,有999个人并不了解骑士名誉的原则,通常他们挨了打或是打了别人,也不会造成致命的后果。但对于拥护骑士名誉的人来说,挨打就意味着要和对方争斗个你死我活。

下面,让我更详细地谈论这个问题。

有一部分人,他们存在一个根深蒂固的观念,即"被人打一拳是相当可怕的事情"。我曾试图寻找一些站得住脚的,或者至少看起来是合理的依据,而不仅仅是花哨的说辞,来支撑这个观念。但无论是从人类天性中的动物性方面,还是从人类的理智方面,我都没有找到任何合理的理由。

给人一拳,不过是并且永远是一个人对另一个人所造成的身体上的伤害;这一行为只能表明,这个人在力量和技巧上胜于对手,或者说他的对手当时放松了警惕,除此之外,并不能说明什么。再多的分析,对我们都没用。

如果一个骑士被人打了一拳,他会认为对方犯下了极其严重的罪行;但是如果他被自己的马踢了,哪怕马的这一脚的威力比人类的一拳厉害十倍,当他强忍着痛苦一瘸一拐地走开时,他也会向你保证,这没什么大不了的。

由此,我不禁产生一个想法:人类的手才是埋藏最深的祸根。然而,在决斗的过程中,骑士可能会被对手用手砍伤或是刺伤，可他仍然会向你保证说，这些伤不值一提。

现在，我又听到这样的说法：被刀面拍打，好过被棍棒击打。前不久，军校的学员在接受惩罚时，宁愿被刀面拍，也不愿意挨一顿棍棒，对他们来说，被刀面拍而获得骑士称号是最伟大的荣耀。

以上就是我能找到的所有心理或道德方面的依据。除了宣布"骑士名誉"是一种根深蒂固的、迷信的思想之外，我别无他话；这一迷信思想根深蒂固，是显现传统力量无比强大的众多例证之一。

有一个众所周知的事实，可以证明我的观点。在中国，杖责是一种常见的惩罚手段，不仅用于普通人，也用于政府的各级官员。可见，即使在中国这样高度文明化的国家，也不赞成类似骑士名誉这种原则。

如果不带任何偏见来看，人与人之间打架是自然会发生的事情，这就好比猛兽会撕咬，带角的动物会顶撞，都是天性使然。人类不过是会用肢体搏斗的动物罢了。因此，当我们听到有人用嘴咬了另一个人时，会觉得震惊；而另一方面，如果听说有人动手打架，又会习以为常。

当人们接受教育之后，就会乐意放弃打斗，彼此相互克制和约束。但是，强迫一个国家或某个特定的阶层，把挨了别人一巴掌视为天大的不幸，必须让人付出生命的代价才行，这未免也太残忍了。

世界上已经有很多罪恶，如果我们再人为地增加一些幻想出来的不幸，只会让幻想变成现实，从而带来真正的不幸——这正是愚蠢又邪恶的迷信造成的后果。

18 是时候放弃决斗了

在我看来，政府和立法机关试图废除民间或军队中的体罚是不明智的。他们以为，这样做是在维护人权，但实际上恰恰相反，废除体罚只会强化不人道的、愚昧的迷信——人们已经为此做出了太多牺牲。

对于所有罪行，除去最严重的情况，人们首先想到的惩罚就是把犯事的人打一顿，并认为这样做是合情合理的——既然你听不进去道理，那就用鞭子让你屈服。

我认为，若是一个一无所有的人犯了事，交不出罚金，或是一个受雇于人的人犯了事，损害了雇主的利益，都可以对他们实施体罚，这样的处理方式是正确且恰当的。对此，有没有理由来反驳呢？除了一些关于"人的尊严"的说辞——这类说辞并没有明确的概念，其他不过是源自我上文一直在谈论的邪恶的迷信。这一点可以通过下面这个可笑的例子来证明：不久前，许多国家的军队纪律有了一些变化，体罚的方式由鞭子抽打变成了用棍子打。这两种处罚方式，目的都是让人受到皮肉之苦，可是人们却认为后一种方式更体面，不会让名誉受损。

国家大力推崇这种迷信，有利于骑士名誉原则的贯彻和实行，助长了决斗的风气。与此同时，人们又试图通过立法来废除决斗，或者说假装在这样做。我们会自然地发现，盛行于中世纪这个最野蛮时代的"强权即真理"的思想，延续到了现在，在我们19世纪的生活中还保留着相当强的生命力——这对我们来说是莫大的耻辱！是时候彻底抛弃这种原则了！

现在，任何人都不允许斗狗或斗鸡——在英国，这样的活动就是刑事犯罪。然而，人们却会因为这项荒谬的、迷信的骑士名誉原则而互相搏斗，将对方置于死地。这都是思想狭隘的骑士名誉拥护者们鼓吹和煽动的结果，让人们为了一点小事，就要履行骑士的义务，像角斗士一样以命相搏。

我建议，语言大师用"baiting"（纵斗）一词取代"duel"（决斗），因为"duel"这个词很可能源自西班牙语的"duelo"，而不是源自拉丁语的"duellum"；在西班牙语中，"duelo"的意思是遭受痛苦、不安和厌烦。

无论如何，决斗这种愚蠢的原则竟然可以发展到如此迂腐的程度，真是给我们提供了太多笑料。令人反感的是，骑士名誉及其荒谬的原则能够在国家内部形成一种权力，建立一个国中之国——这个王国只认武力，其他一概不承认，用暴政统治屈服于骑士名誉权威之下的各个阶层，通过设置宗教裁判庭来处理人与人之间的任何纷争，这样一来，每个人都有可能因为某个微不足道的理由而被人挑衅，被迫接受上帝的审判。这个王国就是无赖的避难所，只要他信奉骑士名誉，就会受到庇护，可以威胁甚至除掉那些最优秀的人——卓越和高贵必然会招来恶棍的憎恨。

如今，我们拥有司法制度和警察，因此恶棍不太可能在街上冲我们喊："要钱还是要命？"同样的，正常的理智也可以阻止恶棍破坏社会良好的秩序，让他们不再冲我们喊："要名誉还是要命？"

最后，上流阶层也应该卸下肩上的重任，不再随时准备将自己的生命或身体奉献给那些粗鲁、愚蠢的恶棍。两个愚蠢的、血气方刚的年轻人，仅仅因为出言不逊，就大打出手，甚至赔上性命，这实在是太残忍了。

19 面对侮辱，最好的报复方式是什么

在由骑士名誉及其原则建立的国中之国中，暴政和迷信的威力可以通过这样一个事实来证明：如果一个人受到了侮

辱，但是由于他与冒犯者的地位相差悬殊，或者其他一些特殊的原因，他无法恢复受损的骑士名誉，往往会在绝望中结束自己的生命，落得一个既悲哀又滑稽的下场。由此可见，这件事是多么的错误和荒谬。如果按照逻辑，事情的结果应该是这样的，但实际上得到的结果是完全相反的；如此自相矛盾，那么其间的荒谬也就不言而喻了。举个例子，公职人员是被禁止参加决斗的，但是如果他受到了侮辱，对方提出决斗他却拒不接受，那么他就会被开除公职。

既然已经谈到了这个话题，那么我不妨讲得更深入一些。人们常常坚持认为，在一场公平的较量中，用同等级别的武器杀死你的敌人，和从背后偷袭你的敌人，这两者之间存在非常重要的区别。也就是说，正如我之前所说，在国中之国，人们只承认强者的权力，不承认其他任何权力，凡事都交给"上帝的审判"来裁决。这是因为如果你在公平的搏斗中杀死敌人，只能证明你的力量或技巧更胜一筹；而为了证明这种行为的正当性，就必须假设"强权就是有理"的前提。

可真实的情况是怎样呢？如果我的对手没有能力保护自己，这只是给了我一个杀死他的可能性，但不能成为我杀死他的理由。从道德的层面来说，是否具有杀死对方的权力，取决于我要夺取他人性命的动机。即便我有足够的动机去杀死一个人，那并不意味着我可以说"因为我的射击技巧或剑法比他好,所以我可以杀死他"。无论我是从正面袭击他,还是从背后偷袭他,重点并不在于我采取什么方式杀死他。

从道德的角度来看,强者的杀戮理由并不比狡猾者的理由更让人信服;如果你背信弃义,要谋杀一个人,难免需要耍点诡计。在这种情况下,力量和计谋都发挥了作用;所谓"佯攻",就是背信弃义的另一种说法。如果我认为杀人在道义上是正当的,那么我就不应该去试探对方是否在射击或击剑方面比我做得好;如果他的实力超过我,那么他不仅会证明我是错的,而且会让我付出生命的代价。

卢梭[1]认为,对侮辱进行报复的恰当方式,不是和挑衅者决斗,而是暗杀他——不过他十分谨慎,只是在他的一本名叫《爱弥儿》的书中,用一个注释小心翼翼地暗示了这一观点。这说明,这个哲学家被骑士名誉的迷信所影响了,以至于他认为,杀死一个指控你说谎的人是合理的。可是,卢梭肯定知道,每个人,尤其是他自己,都应该说过无数的谎言。

在公开的决斗中,只要是使用和对手一样的武器,那么杀死对手就是正当有理的。这完全是一种谬论,显然是把强权当成了真理,把决斗视为上帝的审判。

当一个意大利人发现自己的仇人,他会毫不客气地冲上

---

[1] 卢梭,法国十八世纪启蒙思想家、哲学家、教育家、文学家。

去袭击对方，不会顾忌任何礼节。这种行为或许算不上聪明，但不管怎么说，至少是合乎天性的、说得通的，不会像决斗一样那么愚蠢。

你也许会说，在决斗中杀死敌人绝对是合理的，因为敌人在决斗的时候也会尽力置我于死地。对于这样的言论，我的回复是：正是你的挑战，使他不得不全力保护自己。决斗双方都将自卫作为夺取对方性命的理由，这不过是为自己的谋杀行动找一个看似合理的借口而已。

用"自愿承担风险"的准则来为这一行为辩护似乎更合理，因为双方一致同意将自己的生命押到这场决斗上。可是又出现一个新问题，受伤的一方并不是自愿受伤的；正是骑士名誉及其原则的荒谬和残暴，把两个决斗者，或者说至少其中的一个，拖入了血腥的审判中。

20 哲学是消除骑士名誉的根本手段

关于骑士名誉，我已经叙述很多了，但我这样做是有充分理由的——对于这个道德和智力如"奥吉亚斯的牛圈"一般藏污纳垢的世界，唯有借助哲学，才能把所有的肮脏之处清理干净。

有两个东西将现代的社交活动与古时候的社交生活区分开，并且相比之下，现代的社交活动不占有优势，因为如今的社交活动给我们的时代蒙上了一种阴郁、昏暗且险恶的色彩；而古时候的社交活动清新、自然，就像生命的早晨一般，和现代的社交活动完全不同。我这里指的是现代的名誉和疾病，一对高贵的搭档！它们联合起来就是毒药，毒害了生命中所有的关系，既包括公共关系，也包括私人关系。其中，疾病的影响比最初看起来要深远得多，不仅有身体上的，而且有道德上的。

自从人们在丘比特的箭袋里发现有毒的箭之后，一种疏远的、敌对的，甚至是邪恶的因素，就贯穿于男女的交往之中，男人与女人之间开始变得互相恐惧和不信任，间接地动摇了人类关系的基础，也或多或少地影响了人类生存的基础。不过，这个问题与我现在讨论的内容没有太大的关系。

骑士名誉原则也产生了类似的影响，虽然它的影响范围不同。这一古代不为人知的闹剧，使现代社会变得僵硬、阴郁和胆怯，迫使我们密切注意所有的看法和评价。但这还不是事情的全部！骑士名誉原则就像公民供奉的弥诺陶洛斯①，每一年都要向它进贡贵族子弟作为祭品，而这些贡品

---

① 弥诺陶洛斯，古希腊神话中的牛头人。

不是只来自某一个国家，而是来自欧洲的每一个国家。

现在，是时候给这愚蠢的制度致命一击了，而这就是我现在正在做的事。但愿现代社会的这两个怪物在本世纪结束之前消失！

让我们寄希望于医学，能够找到某种方法来预防疾病；而我们的思想，则可以用哲学来清理——只有思想干净了，邪恶才能被根除。政府试图通过立法来实现这个目标，可惜失败了。

政府的努力收效甚微，可能原因就是他们没有能力对付邪恶。不过，如果政府真的想废除决斗制度，我倒是不介意提出一个建议，或是出台一项法律，而且我保证会成功。这个法律不涉及任何血腥的惩罚措施，既不需要断头台和绞刑架，也不需要让人终身待在监狱里。它就是一种顺势疗法，像一颗小小的药丸，而且不会有严重的后遗症：如果有人发出或接受了挑战，就让士兵把他带走，在足够明亮的光线中，当众用棍子打他12下，作为体罚；那些为决斗者传递挑战书的人以及公证人，杖责6大棍；如果已经发生了决斗，则通过正常的刑事诉讼程序来追究相关责任。

面对我提出的这个建议，一个具有骑士精神的人也许会抗议道：如果按照这种惩罚方式来执行，一个有荣誉感的人可能会选择自尽。对于这样的说法，我的回答是：像这样的傻瓜，他开枪自杀总比让其他人的利益受到损害好。

然而，我很清楚，各国政府并不是真的想要废除决斗。文职官员，甚至是军官（除了那些身居高位的人之外），他们获得的报酬，与他们付出的服务是非常不对等的，而缺失的部分就要靠头衔或勋章等名誉来填补——名誉是通过等级制度和奖赏制度体现出来的。可以说，对于有地位的人而言，决斗就是给人们的等级提供额外服务的方式，所以，他们会在学校里接受有关决斗的培训。其实，这些事情只发生在那些嫌报酬少的人身上，他们会用自己的鲜血来寻求平衡。

在结束"名誉"这一话题之前，请允许我最后谈论一下国家名誉，它是一个国家在众多国家面前表现出来的荣誉感。在国家名誉问题上，没有法庭可以申诉。每个国家都必须准备好捍卫自己本民族的利益，一个国家的名誉主要在于形成一种信念：人们不仅应该去坚信这种信念，而且应该去敬畏这种信念。对于国家来说，任何侵犯民族权利的攻击都绝不能被允许。国家名誉是公民名誉和骑士名誉的结合体。

21 名誉是转瞬即逝的，
名声是永恒不朽的

名声，也就是别人对我们的评价，现在我们来谈谈这个问题。

名声和名誉是一对孪生兄弟；就像古希腊神话中的孪生子卡斯托尔和波吕克斯，一个终有一死，另一个却永生不灭。名誉是转瞬即逝的，名声却是永恒不朽的。当然，我在这里指的是最高级别的名声，也就是真正意义上的名声；可以肯定的是，这个世界上，许多名声只不过是昙花一现，不能持续太长时间。

名誉是每个人在相似的环境、条件下需要具备的品质，而名声所要求的素质却不是每个人都应该具备的。名誉基于他人对我们的了解，名声却与此相反，只要声名远播，我们无论身在何处，都可以被很多人知道。

每个人都可以拥有名誉，却很少有人能获得名声，因为只有凭借非凡的成就才能获得名声。这些可获取名声的成就分为两类：一种是行动上的功绩，一种是思想上的作品。也就是说，成名有两条途径。要想在行动上建立功绩，首先必须有一颗伟大的心灵；要想在思想上创造出作品，那么就必须拥有非凡的头脑。这两条途径各有利弊；它们之间最主要的区别就是，功绩是短暂的、容易消逝的，作品是永恒的、流传千古的。

行动上的功绩，无论多么崇高，都只能持续一段很短的时间；但是，天才的作品是不受时代限制的，始终鲜活、有益且崇高，世代相传。所有行动上的功绩给人们留下的只是记忆，而这种记忆会随着时间的流逝逐渐变得模糊，直至被人遗忘。换句话说，我们并不关心功绩，它终会烟消云散——除非历史再一次将它浮现，使它呈现在子孙后代面前。而作品本身是不朽的，一旦用文字记录下来，就可以一代又一代地流传下去。

关于伟大的亚历山大大帝[①]，我们只知道他的名字和相关的历史记载。但是柏拉图、亚里士多德、荷马和贺拉斯这些人，却仿佛活生生地存在于我们身边，影响着我们，这和他们在自己生活的时代对当时的人们产生影响是一样的。《吠陀经》及《奥义书》至今仍然陪伴着我们，然而所有同时代的丰功伟绩却没有留下任何痕迹，不为我们所知。

功绩的另一个缺点就是，它们的存在依赖于机遇。因此，建功立业之人赢得的名声并不完全是因为这些功绩自身的价值，也和当时的外部环境相关。此所谓时势造英雄。再

---

① 亚历山大大帝，马其顿王国（亚历山大帝国）国王，世界古代史上杰出的军事家和政治家。

者，有些功绩取决于少数见证人的证词，比如在战争中，取得的是纯粹个人的名声；更何况，现场并不总是有证人，即使有，那些证人也并不总是公正的、诚实的。然而，这一缺点可以被一个事实所抵消：行动具有实用性。因此，在普通大众可以理解的范围内，一旦事迹被正确地报道出来，正义就会立即得到伸张，人们就会承认其功绩——除非人们一开始并不理解其行为背后掩藏的动机。如果没有动机作为支撑，人们不可能真正地理解行为本身的含义。

22 伟大的作品必然获得不朽的名声

与功绩相反，作品的诞生并不是偶然的。从创作初期开始，作品就完全依赖于作者。无论是什么作品，只要还留存于这个世界，它原来是什么样子，就会始终保持这个样子而存在。

此外，要对作品做出正确的评价是很困难的，作品的质量越高，就越难得到正确的评价——很少有能够完全理解作品的人，也往往缺少公正、诚实的评论家。幸运的是，好作品的名声并不取决于某一个人的评价，它尽可以期待下一个人的评价。

我已经说过了，行动上的功绩只能通过记忆流传给子孙后代，并且依靠子孙后代的记忆传承；但是作品却可以保留自身原本的样子流传于后世，除非它们缺失了一部分，否则就会以最初的样子留存。在这种情况下，我们没有任何歪曲事实的余地。随着时间的推移，任何可能在作品面世时产生的偏见都会消失。通常，只有经过了漫长的岁月之后，千里马才能遇到伯乐，人们才会真正有能力评判这些作品——杰出的评论家面对杰出的作品，给出一个又一个评价。这些评价共同构成了一种完全公正的评判结果，尽管这一过程可能需要数百年的时间，但是一旦形成，哪怕时间如何流逝，都无法推翻它。因此，一部伟大的作品，必然会获得不朽的名声。

作家能否在活着的时候看到自己的作品成名，取决于当时的环境和机遇，而且他们的作品越高级、越重要，成名的可能性就越小。

塞涅卡说过一句无比精辟的话："名声紧跟成就，如影随形，时而在前面，时而在后面。" 他还说："虽然同时代人出于嫉妒而普遍保持沉默，但总有一些人会不带任何敌意或偏见地对你做出公正的评价。"这句话可以以明显地说明，早在塞涅卡的时代，就有一些无赖会通过故意忽视别人的成就来贬低其价值。他们用这种方式，将好作品掩藏起来，不被公众发现，以便自己吹捧那些拙劣的作品。即便到了现在，这项阴谋也依然被人们践行着——故意保持沉默，以表达自己的嫉妒。

一般来说，一个人的名声越是来得晚，越是能够持续更长的时间——所有"优秀"的作品都需要时间的沉淀。流芳百世的名声，像一棵橡树，缓慢地生长；盛极一时的名声，像一岁一枯荣的植物，在一年之间生长、发芽、开花，随后死亡，来也匆匆，去也匆匆；虚假的名声是昙花一现，一夜之间冒出来却很快就消失了。

这是为什么呢？

一个人越是想超越时代，换句话说，越是想被后世的大众所接受，那么越说明他是自身所处时代的异类，无法被自己的时代所了解。因为他的作品不是给同时代的人创作的，而是给全人类的；他的作品不会沾染上自己时代的色彩，无法吸引同时代的人。他的所作所为会让同时代的人感到奇怪和不解，他也无法获得同时代人的认可。那些顺应时代而创作的人，更容易得到人们的赏识，因为他们的作品具有时代气息，只服务于属于他们的时代——与时代同生共死。

23 与其期望他人的青睐，不如学会欣赏自己

艺术和文学通史告诉我们，人类思想的最高成就，通常在一开始是不受欢迎的，它们默默无闻，直到得到了优秀者的注意，在那些智者的影响下，凭借作者给予作品本身的力量，最终获得一定的地位，摆脱了默默无闻。

究其原因，我们就会发现，一个人最终只能真正理解和欣赏那些与自己本性相似的事物。

无聊的人喜欢无聊的东西，庸俗的人喜欢庸俗的东西，思想混乱的人会被混乱的思想所吸引，没有头脑的人会被愚蠢的东西所吸引。而最优秀的人最喜欢的就是自己的作品，因为他的作品完全体现了他的性格特点。

这是一个真理，正如记忆力惊人的埃庇卡摩斯[①]一样古老，他说：

如果有人孤芳自赏，对自己感到很满意，
这一点并不奇怪；

---

① 埃庇卡摩斯，希腊喜剧剧作家、哲学家，对西西里、多里安的戏剧影响甚大。

就像对于狗来说，世界上最好的动物就是狗；

对于牛来说，也是同样的道理。

驴子对驴子，猪对猪，

以此类推，莫不如此。

即使最强壮的手臂，也很难把如羽毛一般轻的物体扔得很远，让其一举击中目标，因为这样轻的物体在被抛出去的过程中无法借助外力加速，空气的阻力也很大，更何况它本身的重量十分微弱，所以很快就会轻飘飘地落到地上。

伟大而高尚的思想，甚至是天才的杰作，如果只用贫乏和反常的头脑来欣赏它们——这一事实曾为各个时代的智者所谴责，也会遭遇这样的情形。

耶稣宣称："对着一个傻子讲故事，就像对着一个沉睡的人说话。故事讲完了，他会问：'你在说什么呀？'"[1] 哈姆雷特说："机智妙语在傻子的耳朵里睡觉。"[2] 歌德也表达过类似的观点："笨蛋的耳朵会嘲笑最智慧的语言；此外，如果人们太愚蠢，我们也不应该灰心丧气，毕竟朝沼泽里扔石子，是不会激起涟漪的。"

利希滕贝格问："当一个脑袋和一本书相互碰撞，发出

---

[1]《圣经后典·德训篇》，第二十二章，第八节。——作者注
[2]《哈姆雷特》，第四幕，第二场。——作者注

空洞的声音,难道这声音总是出自书吗?"他还说:"作品本身就像一面镜子,如果一头蠢驴照镜子,你不能指望镜子上会出现一个圣徒。"

我们应该牢记老盖勒特①那些优美而感人的挽歌:"最好的礼物得到最少的欣赏者,大多数人都把坏的当成了好的。"——这是一个司空见惯的状况,就像无药可救的瘟疫,防不胜防。要避免这种状况出现,只有一个办法,尽管做起来很困难,那就是愚人必须变成智者,可是他们永远都不会变聪明。他们永远不知道生命的价值,而只用眼睛去看周围的事物,从不思考,他们赞美琐碎的事物,因为他们不知道什么才是好的。

正如歌德所说,人们智力水平低下,无法识别和欣赏真正美好的事物或优秀的人;除此之外,人们的道德上还有一个劣根性在作祟,那就是"嫉妒"。一个人一旦获得了名声,就会从众人中脱颖而出,而其他人的位置则受到了相应程度的贬低。所有声名显著的人,都离不开其他默默无闻的人的衬托,正如歌德在《西东合集》中所说,"我们在赞美一个人的同时,必然会贬低另一个人"。

我们看到,无论"优秀"以怎样的形式体现出来,总会

---

① 盖勒特,德国启蒙运动作家,他的作品主要是宣传理性,劝人戒恶从善。

有无数平庸的人联合起来抵抗它，甚至打压它。这些平庸之辈的口号是抵抗"优秀"。更有甚者，那些做出成绩并因此获得一些名声的人，也常常不愿意看到新人声名鹊起，因为新人若成功了，就很容易让他们相形见绌。

因此，歌德说："如果我们必须依赖他人的青睐而活，那还不如不活，因为人们只想炫耀自己有多重要，往往忽视他人的存在。"

24 真正有价值的并非名声，而是自身

与名声不同的是，名誉通常会得到人们公正的评价，而不会遭到嫉妒的攻击。每个人都拥有名誉，除非被证实名誉已经受到损伤。但是，如果不经受他人的嫉妒，努力争取一番，是无法赢得名声的，而且在名声的"裁判庭"上，法官们本身就对申诉人持有偏见。每个人都能够并且愿意与他人分享名誉，但名声只能独享——随着越来越多的人追求名声，它变得越来越难以企及。

任何一部作品，阅读它的人越多，越容易成名。因此，比起热衷于写供读者娱乐消遣的作品的作者来说，学术专著的作者想要成名，就更难了。最难成名的就是哲学类作品，

因为哲学类作品带给人们的教益是十分模糊的，从功利的角度来看，哲学类作品甚至可以说是没有用处的，所以这些作品吸引的读者主要是那些自己在研究哲学的人。

那么，我们可以清楚地看到，既然成名如此困难，那些在雄心的刺激下艰难写作的人们，如果不是出自自己内心对作品的热爱，就无法在过程中享受追求知识的莫大乐趣，那么就几乎不可能为人类留下不朽的作品。一个真正追求真善美的人，必须避免低劣、邪恶的东西，并且时刻准备好藐视大众的意见或评判。所以，名声总是回避那些追逐它的人，却会追寻那些回避它的人。有的人努力使自己迎合同时代人的口味，也有的人敢于挑战权威。

然而，尽管赢得名声十分困难，但一旦获得，保持名声就是一件容易的事情。在这方面，名誉和名声又一次形成了鲜明的对比——每个人都有资格享有名誉，不用去争取，只要保证不丢失就可以了。但是，出现了一个问题！只要做出一次不端的行为，名誉就会毁于一旦，丝毫没有挽回的余地。而名声呢？只要它是名副其实的，就永远不会消失，因为一个人赖以成名的功绩或是作品已经存在，永远不会被摧毁，即便日后没有新的行动或新的作品，他之前取得的名声也依然存在。

如果名声消失了，或者在人死之前被遗忘了，那只能说明它是虚假的，换句话说，这样的名声不是实至名归的，没有价值。获得这样的名声，不过是这个人的作品在短时间内受到了过度推崇所导致的结果。这并不是黑格尔享受过的名声，利希滕贝格把这种虚假的名声描述为：

"一群慕名而来的大学生们大肆宣扬，然后在空洞的头脑中产生的虚假共鸣。这样的名声充斥着荒诞的赞誉之辞，犹如一个精致的鸟巢，里面的鸟儿早就飞走了；当人们敲开那早已破败的大门，就会发现其中空空如也！——连一丝能吸引过客驻足的思想痕迹都没有。这样的名声只会沦为后人的笑料。"

事实上，名声不代表什么，它在本质上只不过意味着，与他人相比较而言，这个人与众不同罢了。这种本质是相对的，所以名声只具有间接的价值；因为一旦其他人在相同的领域成为名人，那么自己的名声就会消失。只有那些在任何情况下都有价值，或是自身直接拥有的，才具有绝对的价值——在这里，是指一个人的自身。

一颗伟大的心灵，或是一个伟大的头脑，而不仅仅是名声，才是值得拥有的；拥有这些有价值的东西，才能真正获得幸福。一个人应当重视的不是名声本身，而是那些能够让人名扬四海的东西——可以说，这才是实在的，而名声不过是偶然得到的，是一种外在的表现，用来证实他人对自己的高度评价是正确的。

正如光线本身是不可见的，除非有别的物体来反射它；相同的道理，一个人优秀，只有当他名声在外时才能得到证实。然而，名声并不能意味着一个人真正的优秀——有的人拥有名声，却不一定真的创造了功勋。这就如莱辛[①]那句巧妙的话所表明的："有些人有名无实，有些人却有实无名。"

如果自我的价值需要通过别人的看法来确定，这种生活多么悲惨啊。许多英雄或是天才就是如此，他们的价值取决于他们拥有的名声，也就是世人的掌声与肯定，这样的人生是悲凉的。

每个人都是依靠自己的本性而生活和存在的，因此，一个人最主要的东西就是他自己。你是一个什么样的人，以什么样的方式生活，只与你自己有关，和别人无关。因此，如果这个人自身没有多大价值，那么他在其他方面也不可能有很大的价值。

他人如何看待我们的生活是次要的，是衍生出来的枝节，受制于生命中很多偶然的因素，对我们只有间接的影响。此外，我们怎么能把自己的幸福寄托于别人呢？就因为别人说你幸福，你就真的幸福了吗？那是幻觉，是不真实的。

[①] 莱辛，德国戏剧家、文艺批评家和美学家。

25 让一个人幸福的不是名声,而是让他创造功绩的思想和能力

在万众瞩目的名人殿堂里,有各种各样的人:大将军、大臣、江湖骗子、杂技艺人、舞者、歌手、百万富翁、犹太人,等等。是的,比起那些拥有真正高尚的灵魂和才华横溢的人,这些人获得了人们更多真诚的赏识和由衷的敬意。而对于真正杰出的思想,绝大多数人只是在口头上表示认可。

从人类幸福的角度来看,名声不过是一种珍贵而精美的"食物",以满足我们充满骄傲和虚荣的欲望——虽然这种欲望被小心翼翼地掩藏起来,但其实在每个人身上都存在,尤其在那些不惜一切代价想要成名的人身上,这种欲望也许是最强烈的。像这样的人,在有机会证明自己的价值并且被他人赏识之前,不得不在漫长的时间里苦苦地等待。在机会到来之前,他们感觉自己正在遭受某种隐秘的、不公正的待遇。[1]

但是,正如我在本章开头解释的那样,人们把自己的价

---

[1] 我们最大的乐趣就在于受到别人羡慕。但是,那些羡慕我们的人,即使理由充分,他们仍然不愿意表达羡慕之情,所以幸福的人就是不理会别人的看法,真正做到发自内心赞美自己的人。——作者注

值建立在他人看法的基础上,这是不合理的,他人眼中的价值与自身的实际价值是完全不相称的。对于这个问题,霍布斯[1]发表了一些犀利的言论,毫无疑问,他的观点是正确的。他写道:

当我们与他人比较,并得出结论,认为自己更优秀时,就会产生精神的愉悦和心醉神迷的狂喜。

因此,我们可以很容易理解,为什么人们如此重视名声,但凡有一丝获得名声的希望,就会不惜一切代价去得到它。

弥尔顿[2]在《利西达斯》中写道:

声名是清晰的头脑对人们的鞭策(这是高尚的思想最后的弱点),

蔑视欢愉,

终日辛勤劳作。

---

[1] 霍布斯,英国政治家、哲学家。
[2] 弥尔顿,英国诗人、政治家,民主斗士。代表作品有长诗《失乐园》《复乐园》《力士参孙》。

另外，他还说：

名声的殿堂，矗立在远方的高峰上，
熠熠生辉，光芒万丈，
要爬上去是多么困难啊！

这样我们就可以理解，为什么世界上最虚荣的人总是喜欢谈论荣耀，他们将荣耀视为信仰，并深信它是驱使自己建功立业和创作出伟大作品的原动力。但毫无疑问的是，名声是次要的，它只不过是价值的反映或衍生品，就像一个影子或是一个标记。无论如何，能够获得赞叹的东西，一定比赞叹本身更有价值。事实上，让一个人幸福的不是名声，而是使他获得名声的东西，也就是他的成绩或功绩，或者更确切地说，是创造出这些成绩或功绩的思想和能力——无论这些思想和能力是道德方面还是智力方面的，都是让人感到幸福的真谛。

26 真正的名声会流传于后世

一个人天性中最好的一面，对他自己要比对其他任何人更重要。他在别人脑海中的样子，以及别人对他的评价，只是他天性的映射，只能对他产生非常次要的影响。一个本应名声大噪但默默无闻的人，其实拥有更重要的幸福元素，这样的幸福对于他缺乏名声是一种安慰。

我们羡慕一个人的地位，并不是因为他被一群无能的人或是经常混乱而失去判断力的人认为是伟大的，而是因为他确实就是一个伟大的人。这样一个伟人，他的幸福不在于子孙后代会如何评价他，而在于他创造了真正有价值的思想，他的思想在千百年以后依然值得人们珍视和研究。如果一个人做到了这一点，那么他就拥有了某种别人无法从他身上夺走的东西；而且，他的幸福完全掌握在自己手中，不像那些徒有虚名的人。

倘若一个人追求的是他人的赞叹，那么只能说明这个人没什么值得被人赞叹的东西。这就是所谓的虚名，浪得虚名的人享受着名声的好处，却没有真正能够支撑名声的坚实基础。

虚假的名声，往往会使拥有它的人变得自负，但他们偶尔也会从自己的幻想中清醒过来，当他发现自己处于无法适应的高度时会感到头晕目眩，会认为自己不过是一个冒名顶替者而已。他害怕被人揭穿自己本来的面目，害怕自己被打回原形后失去曾经拥有的所有东西，害怕遭受罪有应得的痛苦，在面对真正智者的时候，他似乎已经从智者的额头上看到了后代对自己的非议——这样看来，他倒真的像一个伪造遗嘱来骗取财产的人。

真正的名声，是流传于后世的，是一个人死之后才得到的，他活着的时候并不知道——然而，人们会认为这样的**人是幸福的**。这样的人，他的幸福既在于拥有了那些使他声名鹊起的非凡品质，又在于得到了展现这些品质的机会——他能够随心所欲地去做自己想做的事情，满心欢喜地投身于他最喜爱的事业。只有这样用心创作出来的作品，才能收获殊荣。

伟大的灵魂，或者丰富的智慧，是一个人幸福的根源。当智慧在作品上留下深深的烙印，就会受到后世的赞赏和崇敬；而那些在创作时使作者感到幸福的思想，又将成为那些具有高尚思想的后代学习的资源和快乐的源泉。

一个人死后获得的名声，其价值就在于实至名归，这就是名声的真正可贵之处。至于注定要成名的作品是否能让作者本人在有生之年获得名声，则是不确定的事情，而且并不重要。因为普通人不具备评判自己的能力，也没有能力鉴赏伟大的作品。

人们总是被权威所影响。权威认定是声名远播的东西，那么意味着99%的人都会信以为真。如果一个人在有生之年就声名远播，如果他是明智的，他就不会太看重自己获得的名声，因为他知道那不过是几个声音在回响，只是一时的产物。

试想一下，如果一个音乐家知道为他鼓掌的人几乎都是聋子，并且这些人为了掩饰自己的缺陷，只要看见有人在鼓掌就跟着用力地鼓掌，那么，这个音乐家还会为获得雷鸣般的掌声而感到激动吗？如果他凑巧得知，带头鼓掌的一两个人，是因为收了报酬才带动气氛，把掌声献给最差劲的演奏者，他又会说些什么呢？我们也可以从中看出，为什么同时代的赞誉很少能够发展成死后的名声。

27　人生苦短，多珍惜美好的事物

关于文学的名人堂，达朗贝尔[①]曾做了一番极其细致的描述。他说："这座文学的殿堂里栖居着一群伟大的死去的人，他们生前在这里没有一席之地；而也有极少数的几个人，生前立足于此，但是死后就被赶出去了。"我在这里顺便说一句，在一个人活着的时候就给他立纪念碑，那就等于宣告，后人对他的评价是不可信的。

---

① 达朗贝尔，法国著名的物理学家、数学家和天文学家，提出了达朗贝尔原理。

如果有人非常幸运，在有生之年就获得了名副其实的名声，这种事情在他年老之前是很难发生的——艺术家和音乐家或许会出现例外的情况，但是对于哲学家而言，很少有例外的时候。这一点，可以通过那些名人肖像画来证实——大多数名人都是在其作品成名之后才会被画成肖像，所以大多是白发苍苍的老者；尤其是那些哲学家。从幸福主义者的角度来看，这样的安排是十分恰当的，因为对于凡夫俗子来说，同时拥有名声和青春实在是太奢侈了。

人生苦短，不可虚度光阴，我们应该珍惜美好的事物，好好享受生活的馈赠。 青春本身就已足够宝贵了，可以让人自给自足，并从中得到快乐。但是，当生活的乐趣和快乐随着年华的逝去而慢慢消散，就像秋天的树叶从树上凋落，名声则会如冬青树的嫩芽，恰逢其时地发芽长叶。可以说，名声就像是一种果实，必须经历一整个夏天的生长成熟，才能在秋天享受到它的果实。当我们老去，最大的安慰莫过于，自己把青春全部投入到了作品中，而这些作品没有随着我们一起老去，反而永远是年轻、鲜活的。

最后，让我们更仔细地研究与不同的精神追求相关的不同类型的名声。这种名声与我讨论的内容联系更为密切。

我认为，从广义上来说，智力的优越性体现在能够形成理论，也就是说，能够将某些特定类型的事实重新组合，进而理论化。这些事实可能具有非常大的差别，但是，它们越是贴近日常生活的经验，人们对它们了解得越多，将它们理论化后获得的名声及其影响力就越大，传播的范围也就越广。

例如，如果这些事实的内容是关于数字或线条的，或科学的分支，如物理学、动物学、植物学、解剖学，或古代作家的散佚之作，或用未知的文字铭刻的难以辨认及破解的碑文，或历史上的未解之谜，那么通过整理这些事实，将它们重组后得来的名声，只会在一小部分人之间传播，也就是限于研究这些事实的人群中——这个范围很小，而且很多从事某项专业研究的人都过着隐退的生活，他们对那些在同一领域小有名气的人都心存嫉妒。

但是，如果这些事实是人尽皆知的，比如说人的思想或人的心灵的基本特征，或是人们耳熟能详的大自然的进程，或是一般的自然规律，那么通过研究这些事实而获得正确的理论，由此得到的名声会瞬间传遍整个文明世界。因为如果事实是人人都可以理解的，那么在它的基础上形成的理论大体上也是通俗易懂的。尽管如此，名声的大小取决于需要克服困难的大小。越是众人皆知的事实，就越难形成既新颖又真实的理论，因为许多前辈已经探索过这一领域，各种组合的可能性已经穷尽，要想发表前人没有说过的新见解可谓难上加难。

另一方面，那些不是人人都了解的、只有经过艰苦努力的研究才能得到的事实，几乎总是能通过新的组合产生新的理论。因此，如果对这样的事实进行合理的理解和判断，即不需要很高的智力水平，人们就能很容易发现一些新理论，而且这些新理论也是正确的。但是，通过这种方式得到的名声，无法广泛地传播，不能产生太大的影响，因为它受限于人们对这一类事实的了解和熟悉程度。要解决这一问题，无疑需要进行大量的研究工作——哪怕只是为了了解相关的基本事实，也需要耗费大量的精力。与此同时，如果我们研究的事实能够为我们带来显赫的声名，要获取相关的资料并不费力；但是，付出的劳动越少，需要的天赋和才能就越多。无论是从内在的价值来看，还是从人们的评价来看，一味地苦干根本不能和拥有先天的才华相提并论。

28 成名的真相

我建议，那些自认为具备扎实的理解力和良好的判断力，却不具备高水平智力的人，不应该害怕从事艰苦的研究，并为此付出大量的精力。因为只有通过这些艰苦的工作，他们才能从目光短浅的芸芸众生中脱颖而出，问鼎无人问津的学术僻静领域。那些领域鲜有竞争对手，即使能力一般的人也有可能很快地找到机会来发现并宣布一个既新颖又真实的理论；而他的发现，其价值的一部分就在于不畏艰苦、克服困难。但是，他获得的赞赏来自同行，也就是对这门学科有所了解的人，而在普通大众听起来，这些喝彩声未免太微弱了。

如果我们对这种名声进行深入的研究，最终会得出这样的结论：那些偏僻领域的资料或事实很难获取，这本身就奠定了建立名声的基础，即使没有形成新的理论，也足够赢得他人的称赞。这就像探险一样，当探险家来到一个偏远的、鲜为人知的地方时，他只需要把所见所闻记录下来就可以成名，甚至不需要思考或者发表自己的想法。这种成名的方式，最大的优势在于，讲述自己的见闻要比传达自己的思想更容易，因为相比他人的想法，这种主观的事物、客观的所见所闻更容易理解，所以人们也很乐意去阅读那些讲述见闻的作品，而不愿意读传达思想的作品。正如阿士莫斯所说："只有远出他乡，漂洋过海，归来后方有故事可讲。"

然而，尽管如此，如果我们常常接触那些著名的旅行家们，也难免会想起贺拉斯说过的一句话——旅行只是换了风景，但不会改变人的想法。

但是，如果一个人发现自己拥有高水平的心智能力，就应该去解决那些重大的难题，例如，关系到整个世界及全人类的问题。这样的人应该尽可能地拓展自己的视野，不要局限于某个狭小的领域，而应该兼顾各个方面，从而避免在某个鲜为人知的岔道上越走越远，迷失自己。换句话说，他不应该将自己的思想纠结在某一学科中的某一专门领域，更不应该去钻研那些细枝末节的东西。这样的人，没有必要为了躲避大量的竞争对手而刻意寻找冷门的学科去研究。那些生活中常见的事物，也可以成为他的研究素材，由此形成严肃而真实的理论。如此一来，他做出的贡献将会得到所有熟悉素材的人的赞赏，获得大多数人的欣赏。想想看，那些钻研物理学、化学、解剖学、矿物学、动物学、语言学、历史学的人，他们获得的名声，能超过研究人生的诗人和哲学家吗？他们之间的差别是多么大啊！

Appendix
附 录

叔本华生平大事记及主要作品

叔本华生平大事记 ①

1788 年：出生

1788 年 2 月 22 日，阿图尔·叔本华出生于德国但泽（今波兰的格但斯克），家境殷实。

叔本华的先祖是荷兰人，到他的曾祖父时代，举家移居但泽。叔本华家族世世代代经商，在但泽当地小有名气。俄国彼得大帝和凯瑟琳皇后到但泽访问的时候，叔本华的曾祖父曾经招待过。当叔本华的祖父接手家业后，又添置了许多产业，这样一来，叔本华家族的声势更加浩大了。

叔本华的父亲名叫海因里希·弗洛里斯·叔本华，是一名成功的商人，早年间在英国和法国旅居多年。他推崇法国启蒙思想家、哲学家伏尔泰，主张民主，信奉"没有自由就没有幸福"。海因里希对英国的政治和家庭制度颇有好感，甚至把自己家也布置成了英式风格。在耳濡目染的影响下，叔本华也热爱英国文化。

此外，海因里希也是一名世界主义者，他给叔本华取名为"阿图尔（Arthur）"，就是因为这个名字在欧洲通用。据

---

① 本附录内容部分参考《牛津通识读本：叔本华》，克里斯托弗·贾纳韦著。

说，海因里希身材矮胖，性格顽固且暴躁，长相也令人不敢恭维。

叔本华的母亲名叫约翰娜·叔本华，贵族出身。她比丈夫年轻约二十岁，聪慧美丽，在当时是小有名气的作家。她和丈夫的性情格格不入，两人经常借旅行来减少摩擦。因此，叔本华小时候也会经常和父母一起出游。

据叔本华自己说，在性格（或意志）方面，他受父亲的影响最大，而在文学方面的天赋，则更多地得益于母亲。

1793 年：从但泽搬到汉堡

1789 年 7 月 14 日，法国资产阶级革命拉开序幕，愤怒的巴黎人民攻占了巴士底狱。三年内，统治法国数世纪的君主制土崩瓦解。

1793 年 1 月 21 日，法国国王路易十六被送上了断头台。在英国的组织下，普鲁士、奥地利、英国、荷兰、西班牙等组成了第一次反法联盟。普鲁士控制了但泽。对于海因里希而言，但泽不再是理想家园，因此，他带领全家迁往自由城市汉堡。

海里因希对儿子寄予厚望，于是将叔本华送入一所私立商学院学习，希望他日后能成为自己的接班人，将家族事业延续下去。在商学院里，叔本华系统学习了和货币、商业、运输等有关的知识。可是，经商并不是叔本华的兴趣所在，他喜欢的是科学和哲学。

1797 年：离开汉堡

1797 年，叔本华九岁的时候，他的妹妹阿黛勒出生了。这一年，海里因希安排叔本华前往法国学法语。

叔本华离开汉堡，被父亲送到法国的商业伙伴的家里住了两年。在那里，叔本华学习法语和法国文学，法语说得非常娴熟、流利。对于叔本华来说，在法国度过的这两年既美好又愉快，以至于他日后时时想起，无比怀念。

1799—1813 年：求学；父亲亡故

叔本华的每一步人生之路，都是父亲海里因希安排好的。1799 年，他回到汉堡，进入一所私立学校继续学习，这所学校以培育未来的成功商人而为人熟知。

然而，叔本华的表现显然与父亲的意图背道而驰。学校的老师发现，叔本华在哲学上颇有天赋，可是对经商明显缺乏兴趣。老师将这一情况反映给海里因希，可海里因希并没有因此而轻易更改自己为儿子设计的蓝图。

直到叔本华自己向父亲提出请求，想转入普通学校，海里因希才开始意识到自己的安排似乎有所不妥。不过，他并没立刻答应儿子的转学请求，而是想出了两个方案，让叔本华从中进行选择：要么顺应叔本华的本意学习文科，走学术之路；要么和父母一起出游旅行，并在旅途结束后继续学习经商。不过，叔本华最终还是顺从了父亲的意愿，他放弃当学者的梦想，开始和父母一起周游欧洲各国。

从1803年开始，叔本华和父母一行三人去了荷兰、英国、法国、奥地利、瑞士等国，将近两年后才返回汉堡。在这次旅行中，叔本华游览了许多著名景点，增长了见识，同时也亲眼看见了贫穷和苦难，对不同国家的国民进行了观察。同时，在游历期间，父母也没有放松对叔本华的教育，父亲敦促他学习英语、法语，母亲则叮嘱他用日记记录自己的见闻和想法。

叔本华还曾在英国一所寄宿学校学习了近三个月，遗憾的是，这所学校带给他的回忆并不美好。该校恪守宗教信条，制度十分严格，与此前叔本华接受的教育形成了鲜明的对比。在之后的人生中，叔本华也不止一次地抨击这样浅薄、愚蠢的观念和行径。

1805年，叔本华的父亲海因里希溺死于汉堡的家旁边的运河。是不慎失足，还是跳河自杀？有人说，海里因希是因为经济问题才选择自杀的——从但泽迁居汉堡，他损失了一部分财产，而且在汉堡的生意也不如人意。不过，这个理由似乎并不能让人信服。还有一种说法是，海里因希在死前几个月就已经精神失常了，不但性格愈发暴躁，还常常做出怪异的行为。在这里说明一下，叔本华家族有精神病史，他的祖母死于疯癫症，他的一个叔父则是天生白痴。很多年以后，叔本华为父亲作了一番解释和辩护，他认为自杀绝不能被视为犯罪行为。同时，对于父亲，叔本华在私人笔记中留下了深情且评价甚高的文字："如果没有海因里希·叔本华，那么阿图尔·叔本华早就垮掉一百次了。"

不管怎么说，父亲的突然离世，让叔本华的生活发生了根本性的转变，给他的哲学生涯创造了契机。

约翰娜原本就不喜欢汉堡的商业气息，在短暂的哀悼之后，她处理完亡夫的遗产就移居魏玛了。当时的魏玛是德国的文化中心，其地位就像雅典之于欧洲——雅典曾经是欧洲的文化中心。魏玛汇集了一众文人雅士，如德国文学巨擘歌德、研究东方世界的学者弗里德里希·马耶尔，还有李斯特、巴赫等艺术家。生性爱好社交的约翰娜举办了很多沙龙活动，与这些社会名流往来十分密切。在歌德的建议下，约翰娜开始创作当时最流行的浪漫小说，并在接下来的十年间成为德国著名的爱情小说作家。那时，在她举办的沙龙里，叔本华通常只被称为"约翰娜·叔本华的儿子"。

虽然叔本华因为学业而留居汉堡，打算继承父亲的遗志，但是他对商业生活并没有生出兴趣和热爱，反倒越来越感到憎恶与厌烦。在那段时间，他的情绪十分低落。

1807年，约翰娜帮助叔本华离开了汉堡，并送他到科塔补习拉丁语。只经过了短短半年，叔本华就获得了教授们的交口称赞。然而有一次，叔本华却在公开场合嘲讽挖苦某位教授，他的出格行为引发了教授的愤怒，并导致被迫停课，被遣返回家。在这种情形下，叔本华离开科塔，前往魏玛。辍学事件为叔本华和母亲关系的破裂埋下了隐患，因为这件事，母亲认为叔本华过于骄傲和自负。

在魏玛，叔本华单独租了一间房子，在那里心无旁骛地学习，为进入大学做准备。二十一岁的时候，他进入哥廷根大学，成了一名医学生——选择这一专业是出于母亲的建议，为了谋生而考虑。

进入大学后，叔本华展现出惊人的学习能力。他选修的课程涉及多个领域：哲学、物理学、化学、植物学、生理学、解剖学、地理学、中世纪历史、人种论、自然历史以及天文学等。叔本华迫不及待地用各种各样的知识填充大脑，以满足自己那被压抑太久的好奇心。他曾经说："人类的问题不能单独研究，一定要和世界的关系联系起来研究——像我这样，把小宇宙和大宇宙联合起来。"

在哥廷根大学，叔本华遇到了哲学系教授舒尔策，就是这个人改变了叔本华的命运。听从舒尔策的建议，叔本华开始钻研柏拉图和康德的哲学。可是，康德哲学晦涩难懂，想要对其进行研究并不容易。叔本华把希望的目光投向了费希特——费希特对康德的哲学思想颇有研究，并且有自己的创见，他当时在柏林大学开设了一系列入门讲座。

就这样，叔本华追随费希特，转到了柏林大学。不过，在柏林大学求学的过程没有叔本华想象的那么顺利和愉快。

起初，叔本华在费希特的课堂上十分认真。随着学习的深入、独立进行哲学思考的能力增强，再加上不满于费希特的巧辩和傲慢，叔本华对费希特的崇拜也大打折扣。他开始指出费希特的错误，批评和驳斥费希特的观点。我们也可以从叔本华后来的哲学著作中，看出他对费希特的轻蔑。同样的，当叔本华了解了康德的哲学思想之后，他的态度也发生了变化，即便他仍把康德视为自己的哲学偶像，也毫不留情地进行了抨击。

在1807年到1813年这六年间，叔本华通过孜孜不倦地学习，逐渐建立了自己的哲学系统，为写博士论文做好了准备。

正当叔本华开始撰写博士论文的时候，战争爆发了。为了避免被强征入伍，叔本华逃离柏林，来到魏玛附近的一个小村庄，在那里顺利地完成了他的博士论文——《论充足理由律的四重根》，这也是他的第一部著作。同样也是因为战争，叔本华将论文寄给了耶拿大学评审，而没有寄给柏林大学。最终，他在耶拿大学拿到了博士学位。

在《论充足理由律的四重根》一书中，叔本华讨论了世界事物的因果关系。这本书清晰地表明了叔本华的哲学态度，也为叔本华的哲学系统奠定了扎实的基础。

1814—1818 年：与母亲决裂；完成开创性哲学代表作《作为意志和表象的世界》

叔本华结束自己的学习生涯，回到魏玛。他将自己的博士论文拿给母亲看，可作为文学家的母亲只是草草地扫了一眼，就讥讽说没人想看这样的书。叔本华也不甘示弱，和母亲针锋相对地争吵起来。在两个人吵得不可开交的时候，叔本华给母亲撂下了一句话：将来她只会因为有他这个儿子而被这个世界记住。现在看来，叔本华的这句话应验了。

1814 年夏，叔本华离开魏玛，移居德累斯顿。此后，尽管约翰娜直到 1838 年才去世，但是在这二十四年间，母子俩一直没有见面，只在约翰娜的晚年，叔本华和母亲才偶有通信。

在离开魏玛之前，叔本华在母亲的沙龙上认识了歌德，并且两个人成了忘年交，来往十分密切。叔本华抨击、嘲讽过许多名家学者，唯独对歌德心怀敬畏、毕恭毕敬，而歌德也非常器重叔本华。

据传，在耶拿的一次聚会上，人们都围在一起闲聊，唯独年轻的叔本华独自站立在窗边，神情漠然地观察着周遭。有几个女孩子一直闹个不停，她们看见叔本华沉思的样子，便拿他开起了玩笑。此时，正好歌德走了进来，看见众人在笑便问发生了什么有意思的事情。当人们都指着叔本华时，歌德说道:"让这位少年安静一会儿吧,他将来会比我们中的任何人都更厉害。"

1816 年,叔本华发表了《论视觉与颜色》一文,这篇论文是他和歌德讨论后结出的果实,核心观点是反对英国科学家牛顿的光学理论。

1814—1818 年,叔本华投入全部的精力创作出了《作为意志和表象的世界》,此书是叔本华的重要著作之一,可以被视为其悲观主义哲学思想的顶峰。在《作为意志和表象的世界》出版时,叔本华曾乐观地预言:"这本书不是为了转瞬即逝的时代,而是为了全人类写的,今后会成为其他上百本书的源泉和根据。"事与愿违的是,这本书销售惨淡,在当时并没有引起公众乃至学界的关注与重视。对此,叔本华表示:"如果不是我配不上这个时代,那就是这个时代配不上我。"

1819—1830 年:在柏林大学当哲学讲师

1819 年,尽管叔本华继承了父亲留下的遗产,但是由于其所委托的财富管理机构"穆尔商号"濒临倒闭,他遭遇了财务危机。这一年年底,叔本华向柏林大学提出书面申请,希望能获得任职资格,借此来增加收入并传播自己的哲学思想。

当时,黑格尔也在柏林大学授课,其哲学思想风靡一时。关于叔本华和黑格尔,还流传着一段精彩的"黑色佳话"。

据传,黑格尔是叔本华参加的执教资格考试的评审之一。在考试过程中,叔本华与黑格尔之间发生了争执,尽管如此,由于叔本华的确才华过人,黑格尔还是给叔本华投了"通过"票。最终,叔本华如愿成为柏林大学的编外讲师。他在柏林大学里待了二十四个学期,但真正讲课的时间却少得可怜。

那时候,黑格尔的哲学声望如日中天,他的课堂深受学生的欢迎。雄心勃勃的叔本华要求学校将自己的课程和黑格尔的安排在相同的时间段。现实给予了叔本华沉重的打击:学生们蜂拥着挤入黑格尔的课堂,就连过道上也坐满了人,而他的课堂上只有屈指可数的几个学生。

在柏林大学执教期间,叔本华没有讲完过任何一门课。

1831—1851 年:离开柏林,潜心研究和写作

1831 年,霍乱席卷欧洲,柏林也难以幸免,于是叔本华从柏林搬到了法兰克福,并且在那里度过了生命中余下的时光。他放弃了大学的职务,将全部的心思都放在研究与写作上。

1836 年,叔本华发表了短篇论文《论自然界中的意志》,运用自然科学的新发展来维护自己的意志理论。在这篇文章的前言中,他不失"毒舌"本色,对黑格尔展开了猛

烈的抨击。

1839—1840年，叔本华出于参加由挪威皇家科学协会和丹麦皇家科学协会举办的论文竞赛的目的，先后发表了两篇论文——《论意志的自由》和《论道德的基础》，这两篇文章各自独立又互相呼应。其中，挪威皇家科学协会授予了《论意志的自由》一文金质奖章，而《论道德的基础》没有获奖。

1841年，叔本华将《论意志的自由》和《论道德的基础》结集出版。

1844年，《作为意志和表象的世界》第二版出版。叔本华在序言里如是说："为了人类，我才献出今日终于完成的这本书。我在这样的信心中交出它，相信它不会对于人类没有价值；即令这种价值，如同任何一种美好的事物常有的命运一样，要迟迟才被发觉。"然而，与第一版的境况相似，第二版反响平平，购买的人依然不多。

1848年，欧洲各国爆发了一系列革命：1月，意大利爆发了第一场革命；随后，法国爆发了二月革命；紧接着，德国、奥地利、匈牙利等国家也出现动荡。这场革命浪潮几乎席卷了整个欧洲。在局势的影响下，人们的情绪也出现了波动，这或许为后来叔本华的悲观主义哲学思想受到广泛的肯定与推崇奠定了精神基础。

1851年，叔本华出版了《附录与补遗》，书名的意思是

"附属作品和遗漏之篇"。这本书是对《作为意志和表象的世界》一书的补充与说明。就是这本书名有点怪的作品,却获得了巨大的成功。书中"人生的智慧"这一部分,以格言体的形式阐述了对人生许多问题的看法,见解独到且深刻,不仅在德国市民中产生了影响,更是得到了德国作家托马斯·曼、俄国作家和哲学家托尔斯泰等人的极力赞赏。由此,叔本华声名鹊起,在极短的时间内获得了哲学家声誉。这一年,叔本华六十三岁,面对姗姗来迟的荣誉,这位大半生都不得志的哲学家发出了悲壮的感叹:"如今,老迈的头颅难以承载桂冠。"

1852—1860 年:声名乍现;逝世

1854 年,《论自然界中的意志》第二版出版。

1859 年,《作为意志和表象的世界》第三版出版。在第三版的序言中,叔本华写道:"当这本书第一版问世时,我才 30 岁,看到第三版时却不能早于 72 岁。总算我在彼德拉克的名句中找到了安慰:'谁要是走了一整天,傍晚走到了,那也该满足了。'"

1860 年 9 月 21 日,叔本华因为肺炎病情恶化去世,享年七十二岁。这位哲学巨匠被安葬于法兰克福市公墓,他的墓碑上仅仅镌刻了名字"Arthur Schopenhauer"。

毫无疑问,叔本华是天生的哲学家,他自己也说,"从小就觉得自己属于整个世界，而不仅仅属于自己"。并且，叔本华是哲学家中的幸运儿，他继承了父亲的遗产，一生衣食无忧，除了教了几年书外，没有从事过其他的职业，可以心无旁骛地进行学术研究。而大多数哲学学者要为生活而发愁、奔波。或许正因为自认为"天才"，具有一种心理上的优越感，叔本华的个性也十分乖僻，瞧不起一般的学者，这给他带来了孤独和寂寞。

尽管叔本华愤世嫉俗，常常抨击其他学者或者哲学家，但他的内心也装满了怜悯和同情。对于请求他伸出援手的贫苦亲朋或邻居，他都慷慨解囊。根据叔本华的遗嘱，他的财产全数捐给了慈善机构。

叔本华的主要作品

1.《论充足理由律的四重根》,1813 年

2.《论视觉与颜色》,1816 年

3.《作为意志和表象的世界》,1819 年

4.《论自然界中的意志》,1836 年

5.《论意志的自由》,1839 年

6.《论道德的基础》,1840 年

7.《伦理学的两个基本问题》,1841 年

8.《附录与补遗》,1851 年